这是一本犹太人的教子智慧百科书

犹太人教子和你不一样

任远坤◎编著

中国纺织出版社

内容提要

犹太奇迹并非神秘莫测，而是建立在“犹太式家教”的基础上，犹太父母的教育方式非常独特，学习和借鉴他们的教子方法，结合中国孩子的实际情况，有利于家长培养出色的孩子。

本书将犹太人的家教智慧和故事相结合，用通俗易懂的语言全面总结犹太人家教的精髓。书中针对中国大部分家长教育过程中存在的问题，从智慧、金钱、处世、时间管理、欣赏、挫折、德行、自立、契约、创新、理性、环境、财富和成功等方面来立体解读犹太人的家教智慧，给家长们提供切实可行的建议与指导。这不仅仅是一本教育孩子的行动手册，更是一本不可多得的亲子教育蓝本。

图书在版编目（CIP）数据

犹太人教子和你不一样 / 任远坤编著 .—北京：中国纺织出版社，2015.11（2024.1重印）

ISBN 978-7-5180-1871-0

Ⅰ.①犹… Ⅱ.①任… Ⅲ.①家庭教育 Ⅳ.①G78

中国版本图书馆 CIP 数据核字（2015）第 178098 号

责任编辑：江　飞　　　　责任印制：储志伟

中国纺织出版社出版发行

地址：北京市朝阳区百子湾东里 A407 号楼　邮政编码：100124

销售电话：010—67004422　传真：010—87155801

http: //www.c-textilep.com

E-mail: faxing@c-textilep.com

中国纺织出版社天猫旗舰店

官方微博 http://weibo.com/2119887771

永清县晔盛亚胶印有限公司印刷　各地新华书店经销

2015年11月第1版　2024年1月第3次印刷

开本：710×1000　1/16　印张：15.5

字数：202千字　定价：46.00元

前　言
Preface

犹太民族是一个十分独特的民族，因为人数少、力量薄，在漫长的历史中，它一直是强权凌辱的对象，是一个“弱小”的民族。然而，种种迫害并没有使这个民族消亡，反而凭借着对民族理想的执着使自身不断强大，成为一个被后人敬仰和钦佩的民族。尤其是在教育孩子方面，犹太人有太多值得我们学习和借鉴的地方，犹太人的金钱观、生存观、理财观等都给了我们众多启示。

犹太人到底有多成功？

科学巨人爱因斯坦、心理学家弗洛伊德、“华尔街之子”摩根、石油大王洛克菲勒、“金融天才”索罗斯、“普利策新闻奖”的创始人普利策、电影巨头华纳兄弟、著名导演斯皮尔伯格、甲骨文CEO拉瑞·埃里森、“股神”巴菲特……在全世界，只有1600多万犹太人，占世界人口的0.3%。但是他们所取得的成就，不在其他任何民族之下。迄今为止，获诺贝尔奖的犹太人已超过240人，是世界上各民族平均数的28倍；在全世界顶级的富豪中，犹太人竟然占到一半。可以说，犹太人犹如一个左手托着巨额的财富，右手举着堆积如山的诺贝尔奖杯，屹立于世界民族之林的巨人。

犹太人为什么这么成功？

这主要得益于犹太人从小受到的家庭教育，长期恶劣的生活环境让犹太人认识到一个真理，要生存就只能靠自己，最终形成了独立坚强的性格。因此，犹太人很重视培养孩子的独立性格。不仅如此，犹太人还教育孩子要尊重智慧，学会独立思考等。一系列充满智慧的家庭教育，使得每个犹太人在童年时期就积累了使之受益一生的宝贵财富。

犹太商人凭借独特的家庭教育和众多成功案例，摘取了“世界第一聪明人”的桂冠，尤其是他们在家庭教育中所累积的成就令世人刮目相看。犹太民族是如此聪明、神秘而富有的民族，他们的智慧值得我们学习和借鉴。

本书将犹太人的家教智慧和故事相结合，让犹太人来为中国的各位父母出谋划策，并从智慧、金钱、处世、时间管理、欣赏、挫折、德行、自立、契约、创新、理性、环境、财富、成功等方面来立体解读犹太人的家教智慧，给家长提出切实可行的建议与指导。这不仅仅是一本教育孩子的行动手册，更是一本不可多得的亲子教育蓝本。

编著者

2015 年 7 月

目　录
Contents

第01章　犹太人的教子法则课：好方法胜过好老师

让孩子保持一颗好奇心…………………………………… 002
侧耳听智慧，专心求聪明………………………………… 005
会提问的孩子有出息……………………………………… 007
勤于思考是学习的基础…………………………………… 010
犹太人的重复式学习法…………………………………… 013
启蒙时期的记忆式学习法………………………………… 016

第02章　犹太人的智能教育课：智慧造福孩子的一生

犹太孩子“吻甜书”仪式…………………………………… 020
告诉孩子大火时带着智慧逃命…………………………… 022
知识胜过任何财富………………………………………… 024
培养孩子实践的能力……………………………………… 026
让孩子对知识锐意进取…………………………………… 029
孩子对知识的怀疑也是一种进步………………………… 032

第03章 犹太人的欣赏教育课：欣赏是对孩子最好的激励

孩子在等待你的欣赏…………………………………… 036
赏识教育是一种心态…………………………………… 039
挑剔的眼光会让孩子受伤……………………………… 042
不要让孩子成为比较的牺牲品………………………… 045
鼓励并支持孩子的兴趣………………………………… 047
尊重孩子并让孩子学会尊重…………………………… 050

第04章 犹太人的挫折教育课：逆商是孩子成功的推动力

引导孩子正确看待失败………………………………… 054
培养孩子在挫折面前拥有勇气………………………… 057
让孩子拥有积极乐观的心态…………………………… 060
让孩子善于从失败中吸取教训………………………… 063
孩子对失败需要有个正解……………………………… 066

第05章 犹太人的德行教育课：德行是孩子立身处世的根本

让孩子学会主动帮助人………………………………… 070
让孩子感受分享的快乐………………………………… 073
为孩子培养一颗感恩的心……………………………… 075
勇敢担负自己该负的责任……………………………… 078
懂礼貌是对他人的尊重………………………………… 080
任何时候都不要狂妄自大……………………………… 082

第 06 章 犹太人的自立教育课：让孩子遇事首先想到靠自己

孩子，最可靠的永远是你自己…… 086
学习犹太式的自立精神——勤勉…… 089
让孩子知道自己的事自己做…… 093
帮助孩子树立一个人生目标…… 096
培养孩子自立自强的性格…… 099
让孩子尝试着做同龄人的领袖…… 102

第 07 章 犹太人的契约精神课：守信重诺是做人的原则

守诺的人才是有美好未来的人…… 106
诚信是做人的最珍贵财富…… 109
给孩子适当定一些规矩…… 112
让孩子知道要遵守约定…… 115
让孩子养成诚实守信的好习惯…… 118

第 08 章 犹太人的珍视时间课：规划时间让成长快人一步

让孩子学会珍惜时间…… 124
不要去浪费别人的时间…… 127
犹太人的第克替特时间…… 129
让孩子摆脱拖沓的坏习惯…… 132
让孩子学会时间管理…… 135

第09章 犹太人的创新教育课：犹太人想的和别人不一样

创新思维开启孩子的未来…… 140
鼓励孩子大胆想象…… 143
鼓励孩子打破常规思维，突破创新…… 146
疑问精神激发孩子的新思路…… 149
鼓励孩子不断探索新世界…… 151
培养孩子的创意思维…… 154

第10章 犹太人的理性教育课：学会抛开情绪，理性思考

培养孩子质疑的能力…… 158
引导孩子用长远的眼光看待一切…… 161
培养孩子积极主动的习惯…… 162
培养孩子冷静处事的心态…… 165
让孩子换个角度看问题…… 167
让孩子学会变通…… 170

第11章 犹太人的环境教育课：培养孩子的环境适应能力

让孩子在陌生环境中快速适应…… 174
培养孩子的独立生存能力…… 177
提高孩子的主动交际能力…… 180
放手让孩子自己去闯荡…… 184

第 12 章 犹太人的财富教育课：培养孩子从小就树立正确的金钱观

引导孩子正确认识金钱…………………………………………………… 188
培养孩子赚钱的能力…………………………………………………… 190
财富源于孩子智慧的大脑……………………………………………… 194
培养孩子拥有一技之长………………………………………………… 196
教会孩子理财的方法…………………………………………………… 199
教孩子学会勤俭节约…………………………………………………… 202

第 13 章 犹太人的处世教育课：在人际交往中积攒智慧和经验

教孩子学会原谅他人…………………………………………………… 206
培养孩子谦和的性格…………………………………………………… 208
让孩子做个热情好客的小主人………………………………………… 212
让孩子学会尊重他人…………………………………………………… 214
让孩子争做情绪的小主人……………………………………………… 217
让孩子学会赞美他人…………………………………………………… 220

第 14 章 犹太人的成功教育课：选择一条适合自己的路

让孩子明白成功绝非偶然……………………………………………… 224
让孩子懂得看清适合自己的路………………………………………… 226
让孩子明白敢于尝试才会成功………………………………………… 228
让孩子从小就拥有雄心………………………………………………… 231

培养孩子的团结合作意识…………………………………………… 233
让孩子从小积累白手起家的资本………………………………… 236

参考文献…………………………………………………………… 238

第01章

犹太人的教子法则课：好方法胜过好老师

如何教导孩子进行有效学习？一样是为了提高孩子的学习成绩，糊涂父母教的就是呆板的知识，聪明父母教的则是灵活多变的方法。犹太人认为，好方法胜过好老师，唯一正确的方法就是——教给孩子最有效的学习方法，让孩子自己学会学习、爱上学习。

让孩子保持一颗好奇心

好奇心是智慧富有活力的最持久、最可靠的特征之一。

——犹太教子智慧

犹太人的成功，与其好奇心有很大关系。一个人的智力是多元素的集合，为此，杨振宁说：“人的智力包括5个因子，好奇心、求知欲、想象力、创造力和幽默感。”犹太人认为，我们在判断个体智力高低的时候，好奇心是需要考虑的因素之一。好奇心是个体在遇到新奇事物或处在新的外界条件下所产生的注意、操作、提问的心理倾向，同时，好奇心也是个体学习的内在动机之一，促使个体寻求知识，是创造性人才的重要特征。教育家布鲁纳主张在教育中应激发自己的内在动机，使自己在学习实践中感到愉快，在他看来，个体学习的内在动机之一就是好奇心。

“这是什么？”“我是从哪里来的？”“为什么会这样？”在孩子们的头脑中，似乎总有问不完的问题，这常常令父母很烦恼。其实，孩子之所以问这问那，摸这摸那都是源于拥有一颗好奇心，由于对世界充满了好奇，所以，渴望通过他人来探索这个世界。

讲给孩子的家教故事

1736年，瓦特出生在英国苏格兰西部的格林诺格镇，其祖父曾经是一位教师，主要教授数学、测量学和航海学，其父亲以前是造船技术工人，之后开始经营造船业和建筑业。由于小瓦特身体比较弱，以至于到了上学的年纪仍然不能上学。在家里休养了几年，瓦特才得以到镇上的学校读书，但是在学校里，瓦特并不喜欢与同学们嬉笑打闹，而是喜欢一个人待着，不知道在思考些什么问题。

有一天，瓦特在家里喝茶，他闲来无事不停地摆弄着茶壶，一会儿打开，一会儿又盖上。当瓦特把茶壶嘴堵住的时候，里面的蒸汽却把壶盖冲得噗噗地跳，甚至力气大得顶开了壶盖。尽管，这只是一个再平常不过的现象，却激发了瓦特的兴趣，他专注地看着跳动的壶盖和不断冒出的蒸汽，苦苦思索这其中的奥秘，结果就这样目不转睛地看了一个多小时。外祖母对瓦特的这种无聊行为很不满，还责怪了他几句，但是，瓦特并没有在意外祖母的责备，反而更加专心地注视着蒸汽的力量，心想要是有一台蒸汽机就好了。

由于好奇心的驱使，瓦特常常对一些自己不熟悉、不认识的现象进行长时间的观察，周围的人都说他是个“懒孩子”。然而，正是这种好奇心不断地引导他去努力探索世界上的种种奥秘，勇攀科学高峰。13 岁时他对几何产生了强烈的兴趣，并在 15 岁时就读完了《几何学原理》。后来他又进入了文法学校，但是由于身体原因，他没毕业就退学了。不过，他在家里自学了天文学、化学、物理学和解剖学等多种学科知识。17 岁时，他在一家钟表店里当学徒，并利用业余时间学习，进一步掌握了许多科技原理。最终，他在好奇心的驱动下，积极探索，发明了蒸汽机，使整个世界开始进入蒸汽时代。

犹太人总结得出这样的结论：世界上一些著名的科学家都可以说是拥有好奇心的，所以，他们的智力远远超出常人。牛顿对一个苹果产生了好奇，于是就发现了万有引力；瓦特对烧水壶冒出的蒸汽产生了好奇，最后改良了蒸汽机；爱因斯坦对罗盘拥有强烈的好奇心，他提出了“相对论”；伽利略对吊灯摇晃而产生了好奇，最后发现了单摆。

那么，犹太父母是如何培养孩子的好奇心的呢？

1．引导孩子善于观察

犹太人认为，生活的环境是丰富多彩的，父母需要引导孩子亲自去看看、听听、闻闻、尝尝，在这一过程中引导孩子认真观察，主动去发现生活中的奥秘。在日常生活中，处处充满了未知，比如各种玩具、大自然等，这些隐藏着知识的奥秘，对孩子们有着无穷的吸引力。所以，教导孩子不要忽略生活中的事物，而要善于观察它们。

2．引导孩子对未知领域要积极探索

犹太人认为，孩子们的好问、好动都是源于拥有一颗好奇心，面对一些未知的事物，父母应该引导孩子尽可能地大胆想象，即使孩子产生了稀奇古怪的想法也不要轻易否定他们，与孩子展开讨论，引导孩子继续探索，让他们善于发现一些与众不同的行为，推动孩子们好奇心的发展。

3．引导积极动脑动手

犹太父母认为，孩子们喜欢模仿大人的行为，也好动，这时父母可以借助孩子手边的工具，引导他们充分运动各种感官，自己观察，自己动手，从中体验到一种自我成就感和快乐。比如，让孩子自己动手制作简单的玩具，或者自己设计一种游戏等。孩子们对于自己动脑想出来、自己动手做出来的东西，有一种偏爱和特殊的兴趣，这一活动有利于激发孩子强烈的好奇心和求知欲，从而逐渐开发孩子们的智力。

家教启示

在犹太父母看来，好奇心是孩子对新奇事物或者新的外界条件刺激下产生的探究反应，也是孩子们寻求知识，主动学习的动力。对于孩子们来说，在好奇心的驱使下学会了观察、比较、分析、思考，从而积累起自己的学习经验和生活经验。当“为什么”成为孩子挂在嘴边的口头禅时，这意味着孩子们开始展露自己的好奇心了，作为父母应该予以理解、支持，引导孩子带着好奇心去开启未来的知识之旅。

侧耳听智慧，专心求聪明

人的智慧是一种生产力，更是一种资源和资本。

——犹太教子智慧

人生最重要的是什么呢？或许，有人回答是金钱、地位或家庭，然而，犹太人的答案是：智慧。犹太人最基本的生存准则就是推崇智慧，他们十分看重知识，更善于把知识磨炼成智慧。当犹太人还是孩子的时候，他们的父母就教育他们，智慧比财富和地位更重要。在犹太人看来，即便生活困苦之日，不得不变卖物品来维持生活，都应该先卖金子、宝石、房子和土地，到最后一刻依然不可以卖任何书本。犹太父母要求孩子多看有益的书，让孩子们从中学到知识，成为智慧的人。他们总是告诉孩子：一个人有知识，不一定有智慧。

讲给孩子的家教故事

西勒尔年轻时有一个很大的愿望，那就是专心致志研究《犹太教则》，但是，他没有太多时间，更没有多余的金钱，于他而言，这个愿望就好像是遥不可及的梦。

在思考了很久之后，他发现了一个可以完成心愿的方法，那就是努力工作，靠工钱的一半过生活，剩下的一半工钱送给学校的看门人。西勒尔对看门人说："这些钱送给你，但是，请你让我进学校里面去听课，我很想听听贤人们在说些什么。"看门人十分乐意地接受了。

在短短的几天之内，西勒尔就凭借这种方法听了不少课，但是他的收入实在太有限了，到最后他连一块面包都吃不起。不过，让西勒尔感到难受的不是吃不饱，而是看门人拦住了自己，不让他再走进学校一步。这该如何是好呢？聪明的西勒尔想到了一个好办法，他沿着学校的墙壁慢慢爬上去，然后躺在天窗旁边，这时他就可以清楚地看见教室里面上课的情形，也可以听到老师们讲课的声音。

那天天寒地冻，冷风刺骨，第二天，学生们像往常一样去学校上课，屋外阳光灿烂，但是教室里却一片漆黑，学生们十分纳闷：为什么教室这样暗呢？原来，西勒尔前一晚躺在天窗上，身上积了一层白雪，已经被冻得半死，他在天窗上躺了整整一夜。

这是对犹太民族而言家喻户晓的故事，假如有孩子以贫穷或者没有时间为借口不去求学，人们就会这样问：你比西勒尔还穷吗？你难道比他还没有时间吗？传说在很久以前，犹太人的墓园里经常会有书本，因为他们相信死者会在寂静的夜晚出来看书。尽管这只是个传说，但对于犹太人而言，即便生命已经结束，不过追求知识的脚步永远不会停下来。

1．教育孩子重视对知识的追求

犹太人相信智慧的力量，在他们看来，没有智慧的人不可能获得真正的成功。在他们看来，人不可能像走兽那样生活着，而应该追求知识和美德。中国父母应该教育孩子重视对知识的追求，教导孩子怎样去做一个真正的人。

2．培养孩子对知识的热情

聪明的父母应该向犹太人学习，用知识来武装孩子的头脑，给予孩子丰富的智慧。培养孩子爱读书的好习惯，让孩子知道读书能给他们带来无穷的力量，让孩子知道智慧不但是财富，还是一种力量。同时，父母要以独特的教育方式结合教育理念，让孩子们透过现象更深一层地认识智慧的重要性。

家教启示

上帝让所罗门从金钱、权利、智慧中选择一种，所罗门毫不犹豫地选择了智慧。就这样，所罗门凭着智慧生产、经商，让自己富可敌国，同时乐善好施，深得民心。后来，所罗门被推举做希伯来人的国王，他凭着智慧让人们安居乐业。对于父母而言，一刻都不要放松引导孩子对知识的追求，多读书，读好书，引导孩子将知识转变成智慧。

会提问的孩子有出息

怀疑是开启智慧大门的钥匙，知识越多，就会产生越多的怀疑，而问题也会随之增加。

——犹太教子智慧

孩子从小就有强烈的好奇心，他们总是想了解自己不知道的所有事物，而作为父母，应该鼓励和满足孩子们的好奇心。然而，大部分的父母会在生活中无意抹杀孩子的好奇心。一般而言，孩子们有好奇、好问、好表现自己的特点，只要父母给予机会，他们就能够提出自己的见解与问题。但是，在现实生活中，许多父母总是敷衍孩子的提问，总以“不知道”“你问这么多问题干什么”等来回答孩子，结果时间长了，孩子逐渐变得不愿问，最终问不出，这样也会慢慢地减弱发现问题的意识和提出问题的能力。因此，父母要保护孩子敢于提问的积极性，还要引导孩子去发现问题、提出问题，这样才能有效地提高孩子自主学习的能力，进而提高学习效率。

讲给孩子的家教故事

利亚是犹太人，她丈夫因工作需要常常在以色列与美国之间往来，利亚自己带着儿子拉米尔在美国生活，她独自承担了抚养孩子的重担。可别说，犹太人教育孩子还真是有一套。

有一天，拉米尔坐幼儿园的接送车回到家，利亚马上迎了出去，陪孩子一起走进了房间。进门后，利亚问孩子：“今天你提问了吗？”米拉尔点点头，利亚继续问：“那么，你都问了些什么呢？”拉米尔开始重复自己当天所提的问题，有的是问幼儿园老师的，有的是问班里小朋友的，可以说这些问题千奇百怪，比如，为什么树叶有红色和绿色？为什么有的蚂蚁会有翅膀？为什么我的糖果不能换你的饼干？结果，米拉尔这个小家伙一连问了二三十个问题，利亚满意地点了点头。

原来，每个犹太人在很小的时候基本上都会被长辈提问。在利亚很小的时候，她爸爸就常常问她：“为什么今天与其他日子不同？”刚开始，利亚认为今天和昨天、明天并没有什么不同。爸爸没有对此责怪她，而是让她每天问别人很多自己不懂的问题，假如没有人回答她，那就自己去找出问题的答案。习惯提问之后，利亚觉得生活确实不一样了，因为每天都是新鲜的。

提问，对于犹太人并不稀奇，几乎每个犹太家庭的孩子都是在提问中长大的。可以说，永远探求的犹太人总是崇尚创新，在他们看来，学习应该以思考为基础，要敢于怀疑，不耻下问，这样自己积累的知识才会越来越多。

在孩子打破沙锅问到底的时候，假如父母真的比较忙，可以告诉孩子：我现在很忙，等会儿告诉你，好吗？假如父母被孩子的问题“难”倒了，那最好去翻阅书籍，寻找出答案。对于一时解释不清楚的问题，也不要告诉孩子不知道，父母可以就这个问题和孩子一起去问别人或者查阅书籍，等孩子长大一些后，就会养成查书的好习惯。

1. 培养孩子敢于提问的意识

爱因斯坦曾说过：“提出一个问题往往比解决一个问题更重要。因为解决一个问题也许是数学经验或实践上的一个技巧而已，而提出新的问题、新的可能性，从新的角度看旧的问题，却需要创造性的想象力，而且标志着科学的真正进步。”敢于提问对于开发孩子的智力、培养创新意识和实践能力都是十分重要的。

犹太父母认为，在平时的生活中，父母需要有意识地培养孩子敢于提问的意识。父母或许都有这种感觉，孩子在小的时候特别爱问问题，常常是打破沙锅问到底，可是随着孩子越来越大，他们想提问的欲望却越来越小，孩子经常没有问题可问。面对这种情况，父母需要积极引导孩子敢于提出问题，当孩子能够大胆地说出自己的看法时，无论正确与否，父母都要给予赞赏，不要批评或嘲笑，否则会打击孩子提问的积极性。所以，父母应尽可能地让孩子在生活中多发现问题多提问，这样可以让孩子觉得发现问题、提出问题是一件很有意义的事情。

犹太父母建议：如果有的孩子想到提问就紧张，担心自己说不清楚，那么父母可以建议孩子在生活中继续提问；那些不敢在公众场合提问的孩子，父母也可以建议他们私底下问老师；那些表达不怎么清楚的孩子，可以让他们把问题写在纸上给老师。无论是哪种方式的提问，父母都需要给予孩子最大的支持，让孩子养成积极提问的良好习惯。

2. 保护孩子提问的积极性

在日常生活中，父母要正确对待孩子所提出的问题。有时候，由于孩子天真烂漫，免不了会提出一些稀奇古怪的问题，这就需要父母正确处理。即便孩子所提问题有错误之处，父母也不要批评，而应正确引导，鼓励孩子提出更好的问题，使孩子有一种成就感，逐渐使孩子由不敢提问、不懂提问转化为敢于提问、乐于提问、善于提问。

犹太父母认为，在任何时候，父母都要引导孩子提问，这可以培养孩子提问的积极性，体会到提问的乐趣，使孩子真正地学会学习，同时也能培养孩子的创新能力，有效地提高学习效率。

家教启示

在犹太父母看来，提问是孩子求知欲的表现，父母在生活中不但要认真地回答孩子的提问，而且需要适当启发提问，或者对孩子的问题进行更深层次的发问，积极引导孩子思考，让孩子掌握学习方法。当孩子在引导下得出答案之后，他就会感到兴奋，同时也增强了自信心，产生了成就感，而这些都将陪伴孩子一生，并从中受益颇多。

勤于思考是学习的基础

一个成功的学者要手脑并用，并且通过熟读和记忆来引发思考。

——犹太教子智慧

犹太父母认为，背诵和记忆是最常用的教学方法，他们常说“读 101 遍比读 100 遍好”。而对于那些犹太小孩子而言，可以一字不差地背诵《圣经》是他们最骄傲的事情。当然，背诵和记忆并不是所有的学习方法，犹太父母认为，除了背诵和记忆，孩子们还需要勤于思考。希伯来比曾说：“一个成功的学者要手脑并用，并且通过熟读和记忆来引发思考。”在他们看来，勤于思考对锻炼人的记忆是十分有帮助的，所以，每个犹太父母在教育自己的孩子时总会要求他们勤于思考。

讲给孩子的家教故事

费勒出生在以色列的一个贫民窟里，基本上和所有贫穷家的孩子一样，他争强好斗，喜欢逃学，但不同的是，他有一种天生会赚钱的本事。比如，费勒会把一辆从街上捡来的玩具车修理好，让同学们玩，然后向每人收取 10 美分。就用这样的方法，他竟然在一个星期内赚钱买了一辆新玩具车。对此，老师对他说：“假如你出生在富人家庭，你肯定会成为一个出色的商人，不过，这对你来说已经是不可能的，你能成为街头商贩就很不错了。”

费勒中学毕业后，真的像老师所说的那样成为一名商贩，对于那些与他一起长大的贫穷人家的孩子来说，费勒的生活已经相当不错了，他做过小五金、电池、柠檬水等生意，每一次都得心应手。

偶然的机缘，费勒得知有一批来自日本的被浸染的丝绸，差不多有一吨。这批被浸染的丝绸令日本人十分头痛，他们很想把丝绸处理掉，但却没什么人来询问，于是就想把丝绸搬到港口，当作垃圾处理掉，即便这样做也担心被环境部门处罚。于是，日本人打算在回去的路上把丝绸抛到大海里。得知这个消息后，费勒认为自己的机会来了。

费勒来到海轮上，用手指着停在港口的一辆卡车对船长说："我可以帮助你们把这些没用的丝绸处理掉。"结果，他不费吹灰之力就拥有了一大批被化学燃料浸过的丝绸。接着，费勒把那些丝绸制成了迷彩服、迷彩领带和迷彩帽子，一夜之间，费勒就凭着那些丝绸获得了超过 10 万美元的财富。

从此以后，费勒不再是一名小商贩，而是成为一名商人。

费勒之所以能成为巨大财富的拥有者，就在于他有一个善于思考的大脑。犹太父母认为，学会独立思考对于每个孩子成长极为重要。正如爱因斯坦曾说："学习知识要善于思考、思考、再思考。"父母要引导孩子在读书时认真思考，自己思索，不要别人说什么就是什么。犹太父母告诉我们，读书一定要在认真思考的基础上，判断知识的准确性和结论的可靠性。

那么如何引导孩子积极思考呢？我们不妨学习和借鉴犹太父母的一些教育方法吧。

1. 不要把答案直接告诉孩子

犹太父母认为，孩子年龄较小，遇到难题的时候，总是希望从父母那里获取帮助，想得到直接的答案。这时父母一定不要助长孩子的这种习惯，不要给孩子一个直接的或确定的答案。否则时间长了，孩子就会对父母产生依赖心理，不会思考问题，也就无法养成独立思考的习惯了，这对于提高孩子的智力水平和思考能力都是没有好处的。

犹太父母面对孩子的问题时，不会选择告诉孩子答案，而是教给孩子解决问题的方法，让孩子从中学会独立思考。举个很简单的例子，家里的电脑突然不能显示画面了，父母可以让孩子自己去发现问题，查看是电源的问题，还是电视机的问题。孩子在寻找答案的过程中，锻炼了自己思考的能力，积累了学习的经验，一旦他们找到解决问题的方法，就会产生一种自豪感，其思维能力也会到相应的提高。假如孩子在短时间内没办法独立解决问题，父母则可以示范一下，通过查阅资料、思考等方法，让孩子学习思考的方法，这可以有效提高孩子的思考能力。

2. 鼓励孩子提出自己的看法

犹太父母认为，要给孩子创设民主和谐的家庭氛围，因为孩子只有在这样的家庭环境中，才会形成活跃的思维，敢于发表自己的意见。在犹太父母看来，在较为压抑的环境里长大的孩子，不太容易有自己的观点，思想会受到父母的左右，只会听从父母的意见，这样会影响孩子的思考能力。

犹太父母应鼓励孩子有自己的见解，当孩子发表意见的时候，即便是错误的，也要让孩子说完，然后给予适当的指导。对于孩子正确的观点，父母应积极肯定和表扬，增加孩子主动表达的信心。

3. 允许孩子有新奇的想法

犹太父母认为，当孩子有一些新奇的想法时，不要否定他们，允许孩子有那些奇怪的想法，因为往往新奇的想法是培养孩子思维能力的重要表现。当孩子遇到一些难以解决的问题时，犹太父母要引导孩子换种考虑问题的思路和角度，通过合理的分析、整理和归纳，设想全新的解决问题的方法，这对于提高孩子的思考能力很有帮助。

4. 锻炼孩子的思维能力

犹太父母认为，益智类的故事有一些源于真人真事，但也包含了一些寓言故事，父母可以通过给孩子们讲故事，然后互相讨论感兴趣的话题，这对培养孩子的思维能力很有帮助。犹太人认为，生活是教育孩子的最好课堂，在生活中，孩子通常都喜欢做游戏，假如父母在游戏中注入益智的因素，就可以促进孩子思维能力的发展。父母常常和孩子玩一些益智类的游戏，一方面可以沟通亲子感情，另一方面可以促进孩子思考能力的发展。比如，父母可以利用节假日设计一些智力竞赛之类的游戏，然后邀请孩子的一些朋友参加。

5. 和孩子一起讨论问题

犹太人认为，问题是思考的起点，当孩子还小的时候，脑子里会有许多问题，当孩子向父母提出问题的时候，父母要与孩子们一起讨论，耐心地为孩子解释，同时父母要积极地帮孩子解决问题，孩子就会提出更多的问题。

在生活中，犹太父母会常常给孩子提出一些问题，让孩子的大脑始终处于活跃状态，通过这种方式来锻炼孩子的思维能力。父母要让孩子学会主动思考，就要从为孩子提出问题入手，父母的问题可以激发孩子的兴趣，孩子就会为了找到问题的答案而努力思考。

家教启示

犹太父母认为，当孩子还很小的时候，他们大脑中有太多等待解决的问题，充满了一个又一个疑问，他们每解决一个问题，就会多一分惊喜，那一个问号就会变成感叹号。对此，父母需要引导孩子用眼睛观察现实生活，用耳朵聆听时代声音，用脑袋思考所面临的问题。

许多中国父母习惯每件事都为孩子指路，不习惯征求孩子的意见。一旦孩子不遵从，就会责备孩子，实际上，孩子有自己的想法，父母在任何时候都要注意孩子的观点和意见，给他们独立思考的空间。父母可以这样说“这件事怎么样做才更好呢？”“你能想出比这更好的办法吗？”这种表达方式会让孩子感觉到父母对自己的尊重，从而培养孩子独立思考的能力。

犹太人的重复式学习法

你每天都拿出时间来学习《圣经》吗？

——犹太教子智慧

有人说学习其实是一种“勉强”，也就是强制性地激励自己，避免自己产生懒惰的情绪，努力学得知识或技能。大多数孩子在学习过程中容易产生厌烦情绪和放弃的念头，因此，许多父母认为在学习上需要采取激励和强制的手段。所以，不管是在学校还是在私塾，孩子们每天的学习生活都是痛苦的，“勉强”学习其实就是孩子对自己的不自信。和“勉强”学习相比，犹太人把学习称为“重复”，重复其实就是亲自读、说、听，然后无数次地练习，最终将所学的内容都记住。犹太人强有力的耐性，使得他们把学习称为“重复”。

或许，犹太人并非天生就具有韧性的品质，这种品质是他们在生活中渐渐养成的。年复一年，月复一月，日复一日，通常犹太人在节日到来之际的很长一段时间里都会吃一种无味的面包，从而品味辛劳的感觉。饭后，犹太人习惯朗诵经文，感谢上帝对自己的恩赐，长久以来，他们都保持着这样的传统。在这样的环境中培养出来的犹太孩子，即便不聪明，也会不断地通过练习和重复来达到对某些事物的理解。当然，正是缘于这种努力和热情，犹太民族被誉为“最聪明的民族”。

讲给孩子的家教故事

在七十多年前，有一个基督教徒想在街上雇一辆马车，他环顾了一下四周，发现不远处有一排犹太人的马车。他走近一看，马正在吃草，却找不到车夫。这时他就问在路上玩耍的小孩子：“车夫去哪里了？”小孩子回答说：“在车夫俱乐部吧。”于是，这个基督教徒就来到街道深处的车夫俱乐部，看到在那个狭小的屋子里面，车夫们都在学习《塔木德》。

尽管是车夫，但他们只要有一丁点儿空闲的时间就会去学习，这就是传统犹太人的真实写照。即便在以色列这种现代城市，这样的犹太人依然不少，在以色列这个国家，各种成人讲座十分受欢迎，在各个大学，许多成年人在毕业之后又重返学校给自己充电。或许，对许多中国孩子而言，勉强学习是一种苦行僧式的生活，因此，他们一旦从学校毕业就不再学习。然而，对于犹太人而言，学习是一生的课题。

重复式学习方法，是指任何一种知识的吸收，只要我们不断地重复就会得到增强，只要我们不断重复对一些知识的记忆，知识就会变为我们自身的一部分并长久地储存在我们的大脑中。

1. 不断重复会让你赢得成功

犹太父母认为，不断重复并提高最基础、最根本的东西，你就会赢得成功。比如，爱迪生发明电灯就是一个不断重复赢得成功的例子，多做实验，同时不断观察；多思考，创造新发明。当爱迪生在发明电灯的时候，找了包括竹条、木条、铁丝在内的数十种材料作为灯丝，最后决定用钨丝作为灯丝。这个过程是重复实验的过程，假如没有这个重复的过程，估计电灯的发明要晚几十年。

2. 学习是一个重复的过程

犹太父母认为，学习就是一个不断重复的过程。天生就聪明过人的孩子毕竟是少数，只有在学习过程中不断地重复，才会加深自己对知识的记忆，也才会为孩子以后的学习打下基础。对于如何重复学习，新东方的俞洪敏曾说过："每天挤出一段时间来积累和持久关心一件事情，你就会成功。世界上成功的秘诀就和背单词一样，就是一个不断重复的过程。先做专，再做宽，先做到本本精，再做到本本通，才能够成就大事了。先单词，后课文。每天写下三到五件事情，一步步做下来，安排好，我就是这样的，我就是现在的老俞了。"

3. 反复学习是记忆的捷径

犹太父母认为，有效的反复是记忆的捷径，因为记忆本身就是一个反复的过程，只有不断重复，并及时地复习才能降低遗忘率，如果出现遗忘了再重新记忆，那就会大大降低效率。对孩子学习而言，对于新知识的学习要经过"记忆—忘记—再记忆"的多次反复，所以当孩子能够背出某个知识点后，不要认为孩子的学习已经无大碍了，父母需要引导孩子隔一段时间再温习一遍。

家教启示

犹太父母认为，重复式的学习方法是每个孩子最常用的，也是必须用的学习方法，同时也是最基本的学习方法。即便再简单的方法也是建立在重复学习的基础之上的，没有重复的过程，知识还在书本上，不会成为自己的。而只有真正地掌握了知识本身，孩子们才能体会到它深刻的含义，才也能使知识变成他们自身知识的一部分。

启蒙时期的记忆式学习法

一切事情和知识在我的头脑里安放得像在橱柜的抽屉里一样，只要打开一定的抽屉，就能取出所需要的材料。

——犹太教子智慧

通常情况下，犹太人孩子的教育是从三岁开始的，父母为孩子选择交费的学校，也可以选择免费的公立学校。在学校里，孩子们从记忆简单的文字开始，一直到可以诵读祈祷文。犹太父母的目的不是让孩子理解文章的意思，而是让他们背诵，在他们看来，假如孩子没有好的记忆力，那以后就没办法学习其他事物。可以说，犹太人向来以较强的记忆力而骄傲，不过这并不是因为他们天生聪明，而是因为从他们两三岁开始，父母就会让他们背诵《圣经》，而且每天背诵一部分，逐渐形成一种习惯。

对于许多中国孩子而言，常见的例子是：放学后被老师留下来背诵课文，因背不出“九九乘法表”而被打。或许父母会认为这种方法是死记硬背，对孩子的学习并没有太大的效率。而孩子们因为背诵恨透了一篇篇冗长的文章，恨透了接二连三的数学公式。然而，犹太人认为，背诵是学习的第一步。孩子小时候背诵过的文章，长大后就可以脱口而出，根本不需要大脑的片刻思考。更为关键的是，背诵的主要意义是培养好的记忆力。

讲给孩子的家教故事

公司准备举办一场宴会，需要把最近几年来公司的客户以及相关的人员都请来，借此机会联络一下感情，一起探讨未来的发展合作计划。可粗心大意的玛丽不知道是怎么搞的，鼠标一点，一下就把联系人的电子文档覆盖了，瞬间名单和电话全没了。这可怎么办呢？经理要求下午必须把邀请函发出去，可现在名单和联系方式全没了，该怎么办呢？

新来的同事维茨里走了过来，安慰道："你先别急，这份文件我看过，你先把你能记住的在中午之前给我，能做到吗？"玛丽点点头，努力回忆着文件里的名单和数据。下午维茨里拿着笔记本走过来，问："玛丽，你看一看名单。"名单和数据全在电脑上，玛丽惊讶极了："这么多联系人，你是怎么记住的？"维茨里指着自己的大脑，笑着说："靠这里记下来的，这是我们犹太人的自豪。"

玛丽很感兴趣："你们是怎么教育孩子的，怎么记忆力如此惊人呢？"维茨里笑着说："从小就背诵《圣经》，这可以培养我们的记忆力，比如我儿子现在才两岁多，就能流利背诵一整页的《圣经》内容了。"玛丽有些疑问："可是，《圣经》的内容好枯燥晦涩，他能读懂吗？"维茨里回答说："不用他懂，他现在只要会背就行，慢慢地，他就有我这样的超强的记忆力了。"玛丽不禁感叹："犹太人真不愧是世界上最聪明的民族！"

犹太父母认为，只有让孩子从小背诵，才能最大限度地提高孩子的记忆力。而且，孩子背诵的时间越早，记忆力提高得就越快。因此，犹太父母对孩子们进行记忆力的开发，通常都是很早的，只有这样，才能有效地锻炼孩子们的记忆力。

1. 对内容只背不理解

犹太父母认为，让孩子背诵文章时只背诵，不需要理解文章的意义，这样才可以培养出好的记忆力。孩子童年时期的记忆力是他一生中最有效率的，这是毋庸置疑的。即便有了这样的先天条件，不会挖掘，不去利用，也只能停留在理论上，比如一只杯子，我们知道它可以装水，却始终没有将水存放进去，那和不知道它能装水没什么两样。让孩子背诵，通过背诵刺激大脑进行记忆，通过反复背诵，反复地刺激和记忆，大脑的记忆容量就会慢慢扩大。

2. 背诵的内容不分有趣和没趣

有的家长或许不会同意死记硬背，他们认为孩子所记忆的假如都是自己不感兴趣的内容，即便记住了，也不能在这样的基础上进行理解。犹太父母认为，记忆品质是受到记忆物本身的影响，孩子童年时期的背诵是促使增大这个内存容量的，而没有记忆容量，一切都无从谈起。犹太父母坚信，没有记忆力，人就不可能具有思维能力。

3. 背诵要注意方法

与中国孩子的死记硬背不一样，犹太孩子在平时的学习中就把该背诵的知识点记得差不多了，然后就是和背诵内容多见面。比如，一个单词、一首古诗、一篇文章能否记住，取决于和它在不同场合见面的频率，不在于每次看它时间的长短。犹太父母教导孩子要想记住某个知识点，每个星期至少和它见三次面，经常把需要背诵的内容翻出来熟悉，那就不需要重复记忆了。

家教启示

其实，犹太父母所说的背诵，准确地说是重复朗诵。每天抽出一些时间，让孩子不停地重复诵读一段文字，读十五六遍让孩子们玩耍一会儿，然后让孩子继续重复诵读，直到孩子熟悉这段文字为止，这样就会达到有效的锻炼效果。

小孩子不可能理解所背诵文章的深层含义，犹太父母当然明白这个道理，因此，他们让孩子背诵的目的不是让孩子明白这其中的意义，而是让孩子先背诵内容，等孩子的记忆力得到锻炼之后，再让孩子慢慢理解所背内容的含义。

第02章

犹太人的智能教育课：智慧造福孩子的一生

在犹太父母眼中，财富并不是最重要的东西，可能早上腰缠万贯，晚上就一贫如洗，这几乎是犹太人的家常便饭。在他们看来，金钱可以被带走、被剥夺，只有知识才是一旦拥有就永远不会流失的宝物。而犹太父母希望将自己对知识和智慧的态度传授给孩子，让孩子更多地亲近知识。

犹太孩子“吻甜书”仪式

各种蠢事，在每天阅读好书的影响下，仿佛烤在火上一样，渐渐熔化。

——犹太教子智慧

犹太父母认为，智慧和知识都是最甜蜜的。在犹太人的家里，小孩子稍微懂事了，母亲就会翻开《圣经》，滴一点蜂蜜在上面，然后让孩子去亲吻圣经上的蜂蜜。这样做是为了告诉孩子：书本是甜的。在久远的年代，这样的风俗是一种十分正式的仪式，当孩子们第一次进教室上课，需要穿新衣，由教士或有学问的人带到教室。然后每个孩子都可以得到一块干净的石板，在石板上有用蜂蜜写成的希伯来字母和简单的《圣经》文句，这样孩子们一边诵读字母，一边舔掉石板上的蜂蜜。随后，老师会分给孩子们蜜桃、苹果和核桃，之所以这样做是为了让孩子们一开始就尝到“知识”的甜蜜。从这些远古的仪式，我们可以窥见犹太人对待学习的态度。

在犹太教中，勤奋好学是敬神的一个组成部分，没有一种宗教像犹太教对学习和研究这样重视。因为将勤奋好学提到了敬神的高度，于是在信仰的鞭策下，犹太人几乎形成了一种全民都有文化的传统。

讲给孩子的家教故事

晚饭之后，安迪双手捧着一本《圣经》，再拿出一点儿蜂蜜，往《圣经》上滴了一点儿，就将两岁的儿子约瑟夫抱到了《圣经》旁边，让他闻着蜂蜜的味道，去吻舔《圣经》上的蜂蜜。

安迪问孩子：“宝贝，这是什么？”两岁的约瑟夫奶声奶气地回答：“妈妈，是书。”安迪指了指《圣经》上的蜂蜜，继续问：“那么你现在亲吻的是什么？”两岁的孩子哪里分辨得出《圣经》上的东西是什么，只好凭着味觉回答说：“甜甜的东西。”安迪引导孩子：“也就是说，书是甜的，对吗？”约瑟夫点点头：“是的，妈妈，很甜。”安迪摸着孩子的头笑着说：“很好，宝贝，永远记住，书是甜的，能带给你甜蜜的生活。”约瑟夫点点头：“好的，妈妈，我记住了。”于是，又抱着《圣经》开始亲吻起来。

或许，许多中国父母感到奇怪，难道在《圣经》上涂蜂蜜让孩子舔，也算是一种教育吗？确实，这是每个犹太家庭都会进行的一个重要仪式——吻甜书。当孩子稍微懂事时，犹太父母就会教孩子读书，在犹太家庭中，孩子必须从《圣经》学起，因此，犹太父母会在《圣经》上抹蜂蜜，让孩子去吻书，这样做就是让孩子对书感兴趣，在刚开始接触书的时候，可以形成一个好印象。

1. 书是甜的

每个犹太家庭中都会举行“吻甜书”的仪式，让孩子在品尝蜂蜜甘甜的同时，把对书籍的印象深刻地印在孩子们的脑中，只要孩子们脑中有了“书是甜的”这样的印象，父母对孩子的初次教育就差不多成功了。这样的仪式让孩子从小对书籍形成好印象，引导孩子对书表现出很大的兴趣，而这种兴趣会伴随孩子一生，让孩子一辈子都喜欢书，从而受益匪浅。

2. 尊书爱书

犹太人对书本的态度，可以窥其对知识和智慧的态度。犹太家庭有一个传统，那就是书橱要放在床头，假如放在床尾，就会被认为是对书的不敬。即便是敌人，当他向你借书的时候，你也一定要借给他，否则你将成为知识的敌人。对于犹太人而言，书本就是知识，所以他们视书如命。当然，正是因为犹太人如此重视知识和智慧，才会成为聪明的民族。

家教启示

犹太父母认为，“吻甜书”仪式除了让孩子对书形成一种印象，让孩子喜欢上书之外，还可以让孩子对书产生尊敬之意。当然，犹太人幼儿教育的成功之处就是让孩子从兴趣出发，诚然，兴趣并不是孩子与生俱来的，而犹太孩子对书的兴趣和喜爱就是在父母的帮助和影响下慢慢培养出来的。

告诉孩子大火时带着智慧逃命

人的智慧掌握着三把钥匙：一把开启数学，一把开启字母，一把开启音符。知识、思想、幻想就在其中。

——犹太教子智慧

假如有人问犹太人这样一个问题：“人最重要的是什么？”犹太人一定会回答说：“智慧。”智慧来自犹太人的宗教传统，因此在犹太人的心中，智慧占有很重要的地位。而那些拥有智慧的人则被人所尊敬，比如学者。或许，一些民族会将王侯、贵族、军人或商人的地位置于学者之上，而犹太人却认为学者比国王还要伟大。甚至，犹太人认为即便变卖一切家当，把女儿嫁给学者也是值得的；为娶学者的女儿为妻，纵然花去所有财产也在所不惜。在犹太孩子尚未成年之前，父母就会教育他们，智慧比财富和地位更重要。

讲给孩子的家教故事

犹太妈妈笑着对孩子说：“宝贝，快过来，妈妈有问题问你。”孩子跑过来，依偎在妈妈的怀里，犹太妈妈问道：“宝贝，妈妈问你，假如有一天，咱们的家被大火烧毁了，所有的财产都被大火烧掉了，你只能选择带一样东西逃跑，你会带走什么？”

孩子回答说：“带走我的小熊。”原来，小熊是他生日时父母送的礼物，他一直很喜欢，连晚上睡觉时都要抱着。然而，孩子的回答好像没有让妈妈满意，犹太妈妈一边摇头一边继续引导说：“孩子，你想一想，有没有一种东西，对你来说非常重要，而且你还很喜欢它的味道！”

孩子欢快地挥动着双手：“糖，甜的，蜜？”然而，犹太妈妈依然摇了摇头，说道：“不是蜂蜜哦，宝贝你再想一想，这个东西可能没有形状，也没有颜色或者是气味，但是它真的很重要。假如你带着它逃跑，你会得到比现在更多的小熊和蜂蜜，宝贝，再仔细想一想，它会是什么呢？”孩子天真地问：“可以让我得到 20 只小熊吗？”犹太妈妈循循善诱：“当然，只要你愿意，它会带给你很多东西，而且跟随你一辈子。”

孩子绞尽脑汁，想了半天，最后无力地垂下脑袋，抱歉地对妈妈说：“对不起妈妈，我实在想不出是什么。”妈妈笑着说：“没关系孩子，低头看看你手里拿的是什么，告诉妈妈，这是什么？”孩子脱口而出：“书，甜甜的。”正说时还不忘舔舔自己的嘴角，似乎那里还有蜂蜜的味道。

犹太妈妈点点头：“是的孩子，它是书，假如有一天，房子着火了，你首先要带走的东西，不是你的小熊，也不是财物，而是书。书中有你以后需要的所有东西，包括钱财和物品。有了书，就会拥有智慧，有了智慧，你就会拥有你想要的东西，而且，智慧是任何人都抢不走的东西，大火也没办法将它烧毁，你明白了吗？我的孩子，智慧将伴随你一生，只要你还活着！”虽然，孩子不太理解妈妈如此深奥的话，但还是认真地点点头，对妈妈说：“妈妈，我记住了，房子着了大火时要先救书。”

以上孩子与犹太妈妈的对话基本上是犹太家庭中的传统问答，当犹太妈妈提出这个问题的时候，许多中国父母也在琢磨：自己到底该带着家里的存折逃出去，还是该抱着自己的笔记本电脑逃生呢？或许答案是我们都没有想到的，竟然是书，更是书里的智慧。在每个人的心中，都有一个非常重要的东西，一旦发生意外，就会想到这样东西。这样东西可能是家人，也可能是钱财，不过犹太人却将书籍和智慧置于所有事物之上，而且将这种思想灌输给孩子，代代相传下来。

那么在平时的家庭教育中，犹太父母是如何让孩子亲近知识的呢？

1. 营造良好的学习氛围

犹太父母认为，如果让孩子对书籍形成一个好印象，让孩子有效地亲近知识，父母就应该为孩子营造良好的学习氛围。比如，下班回家之后养成每天阅读的习惯，孩子有着超强的模仿能力，他看见父母经常看书，自然会对书形成一个好印象。

2. 循循善诱，引导孩子亲近书本

就好像犹太父母引导孩子重视书籍、重视智慧一样，中国父母在平日生活中应该循循善诱，给孩子讲述一些知识重于财物之类的故事，灌输给孩子一种智慧胜于一切的思想，长期如此，孩子就会意识到知识和智慧的重要性。

家教启示

房子着火了，你会带哪些东西逃生呢？有些父母会觉得这个问题不可思议，因为一旦遇到大火或其他灾难，中国父母总是选择一些身外之物，比如钱财、物品等。然而，犹太人却愿意去救书，而舍弃了其他身外之物，这就是他们从小被灌输的思想，当然，一代又一代的父母又将这种思想灌输给下一代，在犹太父母看来，教育孩子的第一步就是让孩子对书籍感兴趣。他们这样做的目的就是让孩子了解书籍的重要性，有了书才会有财富以及其他所有东西，切记，一旦有什么意外情况发生，书籍是首先要抢救的东西。

知识胜过任何财富

没有人是贫穷的，除非他没有知识。

——犹太教子智慧

犹太民族是一个经历坎坷、四处漂泊的民族，为了不被吞没，他们只能聚敛财富，掌握着经济命运。不过，即便拥有再多的财富，犹太人也没有安全感。基于犹太人对自己生存现状的深刻思考，使得他们形成了敏感、不安的性格。正因为犹太民族恶劣的生存环境造就了他们制造财富的能力，不过他们把这种能力的具备归功于对知识的推崇。犹太人认为，金钱是可以被带走、被剥夺的，只有知识才是一旦拥有就不会流失的东西。犹太父母总是教导孩子：没有人是贫穷的，除非他没有知识。

讲给孩子的家教故事

有一个学者和一群商人一起坐船出海，商人带了很多贵重的货物准备出售，然而学者却一无所有。商人有些得意地问学者：“你带了什么货物啊？”学者不屑地回答：“我的货物比你们的都要珍贵得多。”听到这样的话，商人感到十分惊讶，他有些疑惑地开始在船上寻找学者所指的货物，结果，他寻遍了整只船也没发现学者所说的货物，商人感到十分好笑：他真是个只会吹牛的傻瓜。

这只船在海上航行了几天之后，遇到了凶残的海盗，他们抢走了船上所有货物。当船最终靠岸的时候，商人发现自己已经一无所有，这意味着他们只能在异乡的土地上过着饥寒交迫的日子，四处流浪。相反，学者到了那里首先找到了一所学校，开始传授律法，当地人看到他如此博学，就给了他很大的荣誉，还有衣服、食物以及房子。商人见状，为自己之前的无知感到窘迫。

于是，商人们向学者恳求道：“请您原谅我们的无知吧，帮帮我们吧，给我们找些吃的东西吧，我们都明白了，你说你的货物比我们的珍贵并不是夸口，知识才是最珍贵的货物。”

犹太人认为，财富随时都可能被抢走，但是知识就不一样了，只有知识才是自己随身携带的，无法被人抢走的宝贵资产。在他们看来，每个孩子都应该接受教育，学习知识。这主要是由于那些愚笨的人在接受了教育之后，才不会变得更愚蠢；聪明的人在接受了教育之后，就可以更好地发挥他们的能力；外表美丽的人在接受了教育之后，才会拥有更真实的内在；有权利的人在接受了教育之后，才会更好地利用智慧来运用权力。不管是穷人还是富人，都需要接受教育，否则，就像是一头负重的驴子，他们只会用自己的观点来面对世界，结果却是笑料百出。那些富有的人若是没有了智慧，就好像是吃饱了食物的动物一样无知。

1．把知识的崇高价值告诉孩子

犹太人对知识的重视程度可以说超乎常人的想象，他们认为一个无知的人是不可能虔诚的。犹太父母在教育孩子时总是说：知识使人严谨，严谨使人热情，热情使人洁净，洁净使人神圣，神圣使人谦卑，谦卑使人恐惧罪恶，恐惧罪恶使人圣洁，圣洁使人拥有神圣的灵魂，神圣的灵魂使人永生。在这方面，中国父母需要向犹太人学习，在教育孩子时把知识的崇高价值告诉孩子，这样做才会让孩子受益一生。

2. 告诉孩子：知识就是最宝贵的财富

犹太人尊重知识，追求真理，犹太人认为知识就是最伟大的，在知识面前，世俗的一切统治者都要让位。犹太父母在教育孩子时会告诉他们：知识是一切财富的来源，是唯一可以永久打开财富之门的金钥匙。知识的价值在犹太人的历史中展现得淋漓尽致，犹太父母认为，与其把有限的财富留给孩子，还不如给他们一把永远打开财富之门的金钥匙——知识。

家教启示

犹太人注重知识，因此他们也十分重视对孩子的教育。在美国的犹太人中有84%的人念过高中，有32%的成年人受过高等教育。而且相关数据显示：犹太人平均接受过14年的学校教育，而非犹太人的白人平均只受过11.5年的教育。一位分析家这样说道："在犹太人家庭里，学问受到高度评价，在这方面，非犹太人的家庭则相形见绌，这个因素构成了其他一切差异的基础。"可以说，知识确实是超越一切的宝贵财富，父母需要做的就是将创造财富的知识教给孩子。

培养孩子实践的能力

没有比既能做事又能做学问更好的了，没有劳动的学问结不出果实，相反可能导致罪恶。

——犹太教子智慧

犹太人重视知识，更重视才能，他们把仅有知识而没有才能的人比喻为"背着很多书本的驴子”。在犹太人看来，一般的学习只是一种模仿，而没有任何的创新。而学习应该是以思考为基础，而思考则是由怀疑和问题所组成的，学习便是常常怀疑，随时发问，怀疑是智慧的大门，知晓得越多，就越会产生怀疑，而问题也就随之增加，这样才会让自己不断地进步。根据《塔木德》记载，犹太父母在让孩子学习知识之前，都会让他们获得一些做事情的基本能力，在他们看来，一个连做饭都不会的人是没有资格做学问的。假如那些单纯拥有知识的人们过分自信，最终将导致自信的毁灭。

一个人的智力可分为两大部分：知识与能力。知识是人们在社会实践中积累起来的经验，能力则是指人们完成某种活动所必需且直接影响活动效率的个性心理特征。知识属于认识的范畴，而能力属于实践活动的领域。知识与能力是相互依存并互相促进的，两者都是学习的结果。父母需要注意的是：把知识和能力画上等号，只重视传授知识，而忽略能力的培养，这是中国传统教育的弊端之一，必须纠正。传统教育的弊端之一就在于学生们得到了知识后，却不知道如何灵活、正确、运用知识。“百无一用是书生”，所说的就是这个道理，诸如马谡失街亭就是个很好的例子，尽管马谡熟读兵法，但却不能将知识运用到实践中，这就是缺乏能力。当然，如果父母把知识和能力视为对立的两个方面，而完全放弃了求知，一味地追求提高自己的能力，显然也是错误的。

讲给孩子的家教故事

以色列有一所著名的鲸鱼学校，这所学校让孩子们乘上帆船在一年之内游两次大西洋，游遍三个岛。在此过程中，孩子们不仅要经受暴风雨的洗礼，同时还要经受挨饿的痛苦。这所学校的学生要学会驾船、捕捞、做饭，另外，还要完成考察、读书、讨论等课程，同时他们还要和当地的居民打交道，了解风土人情。经过这样一番磨炼，学生们大都被锻炼成智勇双全的人。

犹太人认为实践重于知识，这就好像一棵枝繁叶茂且根基很深的大树，即使遇到大风大浪，它也一定能根须深固，哪怕遇到再大的风浪也可以纹丝不动。因此，对实践毫无用处的知识是空洞的，完全派不上用场。犹太父母认为，仅仅有知识是难以生存的，要想让孩子拥有独立生存的能力，就给孩子自由，这是犹太父母给自己孩子最好的礼物。正是这样，犹太人的孩子在对生活不断体验的基础上，寻找自己一生的方向。

在犹太人中间，经常可以看到这样一种现象：有的犹太学生在大学预科时攻读心理学，大学时把专业改成了法律，最后成为一名律师；有的孩子本来学哲学，后来转到了医学系。换专业的情形是各种各样的，而且在犹太学生中十分常见，犹太人一直在努力寻找适合自己的领域，他们相信，只有这样才能将自己的能力最大限度地发挥出来。

对于如何培养孩子实践的能力，犹太父母是这样做的：

1. 鼓励孩子参加实践活动

犹太父母认为，应与老师积极配合，在各项活动中，让孩子大胆实践，诱发出孩子充满灵性的创造能力。但是，父母应该记住，帮助并不是包办，父母的适时引导和有效帮助，是孩子在各项体验中赢得成功的必要条件和基本保障。

2. 让孩子自己动手

犹太父母认为，有必要让孩子承担一小部分家务。家里的一些简单的劳动，可以试着让年龄大一些的孩子来完成。当孩子在生活中遇到难题，父母应该留出足够的时间与空间让孩子自己去面对，体会问题的困难，从而解决问题。父母可以退一步，尽可能做一个旁观者，让孩子自己解决问题，积累生活经验，从而提高孩子做事的能力。

3. 给孩子提供实践的机会

犹太父母认为，一个人不管获得哪种能力，都离不开多想、多做的实践过程，父母应该为孩子的实践活动提供必要的条件。比如，父母要支持孩子参加课外兴趣小组的活动，与孩子讨论，支持孩子参加一两个兴趣小组，但不宜太多。活动之后，父母要与辅导员建立联系，了解孩子参加活动的情况，认真对待每一项活动，在教育过程中提高孩子的实践能力。

4. 鼓励孩子创新尝试

犹太父母认为，应该支持并指导孩子进行没有危险性的创新尝试。孩子们在学习、游戏、生活中往往会产生一些创新的想法并进行尝试，这时父母应该认真思考，作出判断，假如对孩子的身心没有危害性因素，就应该给予支持并进行指导。

家教启示

犹太父母认为，在教育孩子的过程中，应积极支持孩子参加学校、社会的各项实践活动，逐步培养他们独立生活、劳动的能力，以适应变化的社会环境。父母需要有意识地让孩子学会处理身边的各种事情，让孩子得到充分锻炼。此外，遇事多让孩子参与，孩子能想到办法解决就让孩子做主，尊重孩子的主张，鼓励孩子动脑筋、想办法。即便孩子在解决的过程中会出现一些失误，父母也要冷静地帮助他们总结教训，不能挫伤孩子投入实践的积极性。

让孩子对知识锐意进取

无愧于有理性的人的生活，必须永远在进取中度过。

——犹太教子智慧

犹太人具有这种不断进取的精神，从他们的民族史就可窥见。犹太人在任何情况下，都能保持这种不断进取、不停地自我挖潜的精神。他们的这种精神也获得了丰厚的回报，很多犹太人在不同的领域对世界的发展作出了卓越的贡献，他们在世界历史上流芳千古。人的潜能是无限的，只要善于挖掘自己的潜能，任何人都能成就一番事业。每个人都应该有积极进取的精神，永不知足，永不满足，只有这样，社会才能不断地发展进步。

犹太人认为，当因为经验不足、知识不够等导致失败的时候，不应该气馁和失望，要找出自己的不足，不断地找寻补救的办法，这样才能成功。而且，父母们总会将这样的观点灌输给孩子，从小就培养孩子对知识有一种积极的进取精神。爱因斯坦在物理学方面是泰斗级的人物，但是他也会感到自己在知识上的不足。他经常告诫自己，知识的海洋浩瀚无边。研究相对论的时候，他明显地感觉自己的非欧几何知识不够用。但他并没有因此放弃自己的目标，而是不断地学习这方面的知识，弥补自己的不足，最后终于创造了相对论。

讲给孩子的家教故事

拜尔是一位生活在德国的犹太后裔，曾获得诺贝尔化学奖。他从小就勤奋好学，进入大学以后，专门学习物理和数学，毕业的时候，年仅21岁。他觉得自己还有很大的潜力，于是又开始主攻化学，这为他以后获得诺贝尔化学奖打下了基础。由于已经具备坚实的物理学基础，所以拜尔学习化学的时候进步很快，第二年就发表了对甲基氯的研究论文，初步显示了他在化学方面的才能。

1872年，他在斯特拉斯大学任教授，从事教学工作的同时，他充分发挥自己的潜能，开展了对酞染料种类的研究。很快，他就成为染料史上确定靛青结构成分的第一位化学家。三年后，他进一步运用自己的学识和研究成果，研究出了靛青的全部成分，并发表了著名的拜尔碳环种族理论。拜尔在花甲之年，还继续进行自我挖潜，他编写了反映其研究成果的著作《拜尔科学研究》。可以说，拜尔的一生都在不停地自我挖潜，他的一生因此硕果累累。

像拜尔这样的犹太人很多，如多面手贝拉斯科，科学家总统卡齐尔，商人瓦尔堡家族，等等。他们的共同点都是善于自我挖潜，从而获得一个又一个成功。

生活中有些人经常不敢尝试发掘自己其他方面的潜能，也因此失去了很多本来可以成就自己的机会。不敢发掘自己潜能的人，明显抱着消极的人生态度。他们不明白，即使自己没有某方面的经验，也只是暂时的，因为经验分为直接经验和间接经验两种，我们学习别人的经验和先辈们总结出来的现实成果就属于学习间接经验，这样会节省自己摸索的时间，取得事半功倍的效果。学习间接经验后，人们在挖掘自己潜力的时候，就不会漫无目的，也不会觉得没有任何方向，而是有的放矢。

1. 挖掘孩子们的潜能

犹太父母认为，每个孩子都有自己的潜能，只是有些孩子不知道如何将自己的潜能充分发挥出来，这就需要父母引导他们尝试自我挖掘。很多孩子认为自己没有某种能力，认为自己不适合学习，其实他们不知道，人不是生而知之的，而是学而知之的。比如有的孩子有画画的天分，有的孩子有写作的天分，这些都需要父母细心发现，然后加以栽培，方能成大器。

2. 引导孩子后天不断学习

当然，犹太人在这一方面就做得比较好，因为他们知道学习是后天的，不是先天注定的。所以要想挖掘自己的潜能就应该不断地学习，只有多学习一些知识，才能发现自己在哪方面比较有潜力，然后竭尽全力专攻，这样就能不断地进步，最终成就自己。

家教启示

犹太人在多年的艰苦磨难中，形成了好学的风气，他们宁可牺牲自己的娱乐时间，也要不断地充实自己，丝毫不吝惜在知识上的投资。他们明白，经验和知识的充实，可以让他们重新挖掘自己的潜能，这是事业成功的保障。经验和知识，再加上自己的潜能，这就是一个人一生的宝贵财富。在对孩子的教育中，父母可以将这种观念潜移默化地传递给孩子，让孩子在学习的过程中，努力攻克各种难关。

孩子对知识的怀疑也是一种进步

为了正确地认识真理，我们首先必须怀疑它并同它辩论。

——犹太教子智慧

犹太民族是一个爱读书的民族，但他们并不是读死书。他们认为读书应该经常提出疑问，只有这样才能证明你在思考。一味地看书，不知道思考的人，不能汲取书中的精华。犹太父母认为，不会怀疑的人不会思考，只会人云亦云，没有自己的主见。一个不会怀疑的民族，只会慢慢退化，因为没有怀疑，就不会有任何进步。怀疑更是学习上的推动器，有了怀疑，人们才能吸收更多的知识，更好地利用知识。

讲给孩子的家教故事

有一个年轻的犹太人坐车去美国得克萨斯州的时候，路过一片荒无人烟的田野。火车在拐弯时逐渐减速，这时候一座平房映入了人们的眼帘，这只是一座很普通的平房，但是因为它出现在人们百无聊赖的时候，所以还是激发了人们的兴趣，人们纷纷睁大了眼睛，望着眼前这间缓缓退后的平房。看到这个情形，犹太小伙子陷入了深深的思考，他想，为什么不能将这里开发利用呢？这里可以做什么呢？终于，他想到了一个绝妙的主意。他赶紧下车去找这座房子的主人。

房子的主人正在为这座房子忧心，因为火车时时从这里经过，他们实在受不了火车的噪声，正想将这座房子卖出去呢。于是，这个犹太人用 3 万美元将这座房子买了下来。然后他找到一些大型公司，请他们用这座房子打广告。终于，可口可乐公司看中了这个巨大的广告商机，于是花 18 万美元和这个年轻的犹太人签订了三年的租用合同。

怀疑是创新的基础。犹太民族经常涌现出非凡的创新人才，这与他们民族的怀疑传统也有很大的关系。任何一项创新活动都是积极的思维活动，而思维都是从提问开始的。所以，犹太父母非常重视培养孩子的怀疑精神，他们认为这是孩子一生中的宝贵财富。事实的确如此，犹太人这种从小养成的思维模式，让他们在世界上不断地取得新成就，不断地有大作为。

1. 启发式提问

犹太父母在孩子很小的时候就经常启发他们多提问，不管孩子提出什么问题，他们都会给予适当的鼓励，甚至是表扬。如果孩子向父母提出疑问，父母并不会立即告诉孩子问题的答案，而是先让他们自己去找答案，在孩子有了自己的答案后，父母再告诉孩子正确答案。这种启发式的问答可以锻炼孩子独立思考的能力，犹太父母就是通过这种方式与孩子进行思想交流的，孩子既受到了父母的教诲和指导，还可以和父母讨论，甚至可以和父母争吵。孩子们越积极思考，提出的问题就越多，争论的水平就越高，这说明孩子已经把真正的知识学到手了。人们发现，犹太人所具有的出色口才和高智力水平，与此有密切的关系。

2. 鼓励孩子大胆怀疑

读书要有怀疑精神，这是世界上几乎所有智者的共识。孟子曾说“尽信书不如无书”，高尔基曾说“怀疑是进步的阶梯”，《塔木德》中说“怀疑比盲目信仰更值得肯定”。犹太父母认为，有智慧的人在学习过程中，都抱着一种怀疑的态度看问题。对一切事情都要有怀疑的精神，即使面对权威，也要有胆量去质疑。在孩子的学习过程中，父母要鼓励孩子多问几个为什么，引导孩子大胆质疑。

家教启示

犹太父母在孩子很小的时候，就鼓励孩子多问问题，这样不仅可以锻炼孩子的思维能力，更重要的是能培养孩子好学、怀疑的精神。这种习惯会影响孩子的一生，所以犹太人在做任何事情的时候，都敢于质疑。经过质疑，他们往往能发现一些潜在的商机。很多人的成功都是从质疑开始的，最著名的例子就是牛顿发现万有引力定律。很多人都会被苹果砸到，但是为什么只有牛顿发现了万有引力定律呢？就是因为他被苹果砸到时多问了一个为什么。

第03章

犹太人的欣赏教育课：欣赏是对孩子最好的激励

犹太人比较注重赏识教育，在他们看来，赏识教育源于教孩子“学说话、学走路”成功率百分之百的教育现象，这是一种尊重生命规律的教育。即使是犯错的孩子，只要父母耐心寻找，也一定能发现他的闪光点，父母需要传递给孩子浓浓的爱，从而达到家庭教育的目的。

孩子在等待你的欣赏

认可赞美和鼓励，能使白痴变天才，否定批评和讽刺，可使天才变白痴。

——犹太教子智慧

犹太父母认为，赏识教育十分重要，孩子永远在等待父母的赏识。然而，赏识教育并不只是表扬和鼓励，父母需要做的是赏识孩子的行为结果，以强化孩子的行为；父母赏识的是孩子的行为过程，以激发孩子的兴趣和动机。因此，父母在赏识教育过程中，需要创造环境，以指明孩子发展的方向，适当提醒，增强孩子的心理体验，从而纠正孩子的一些不良行为。犹太父母认为，父母对孩子的点滴进步能否给予充分的肯定与热情的鼓励，不但是一个方法的问题，更是一个教育观念的问题。

犹太父母认为，赏识教育对孩子有以下好处：

1. 让孩子懂得自尊自爱

犹太父母认为，孩子的攻击性行为往往是在受到指责和冷遇后得不到应有的尊重和信任，从而产生的逆反心理。实际上，每个孩子在成长过程中都会出现一些问题，只是有些父母比较开明，他们相信孩子是优秀的，相信孩子是聪明的，同时不断地鼓励孩子，从不嘲讽孩子。于是，在赏识教育中，让孩子感受到尊重，在保护孩子自尊心的基础上指出孩子的不足之处，给孩子留了面子，同时还让孩子自己去发现不足之处，学会了自爱，让孩子知道要想得到别人的尊重，首先要学会尊重别人，减少孩子本身的攻击性行为。

2. 帮助孩子克服自卑，增强其自信心

犹太父母认为，在孩子童年时期，他们的自我意识的产生主要是通过教师和成人对他的评价。从某种程度上说，孩子的自信是父母和老师树立的，特别是当

孩子赢得了成功或在原有基础上取得了进步的时候，要及时肯定和强化，孩子会有一种感觉：我很行！这就是孩子的自信心，一旦他们树立了自信心就会愿意接受其他的任何挑战。

3. 帮助孩子找到他们的潜力

犹太父母认为，每个孩子的聪明才智和先天禀赋不一样，以至于几乎在完全相同的条件下，有的孩子会有突出的天赋，有的孩子在其他方面有惊人的成就，比如，有的孩子对美好事物的感悟力很强，有的孩子有着强烈的好奇心，什么事情都想弄个明白。作为父母，需要尊重孩子的个体差异，对孩子们的要求不能整齐划一，需要因材施教。

犹太父母又是如何赏识孩子的呢？

尽管许多父母都意识到了对孩子进行赏识教育的重要性，但是，许多父母并不理解赏识的真正内涵。犹太父母认为，盲目赏识不但不能让孩子从中受益，反而会给孩子的健康成长带来很大的问题。

犹太父母认为，赏识是父母发自内心对孩子的欣赏，这种欣赏不但可以通过夸奖的语言表达出来，也可以在不经意间，通过表情、肢体动作流露出来。当然，这些微妙的信息，孩子都是可以感受到的。因此，真正的赏识教育，父母需要从自己的内心出发，对孩子进行赏识，这样才能真正发挥赏识教育的作用。

1. 发现孩子的“闪光点”

犹太父母认为，每个孩子都是独一无二的，在他们身上肯定有一些与众不同的地方。因此，父母需要有一双善于发现的眼睛，发现孩子的“闪光点”并及时肯定和强化，让孩子的优点在父母的欣赏和赞美声中发扬光大。

2. 打破“理想孩子”的想法

就好像我们每个人都有一个“理想的自己”一样，基本上所有的父母心中都有一个“理想的孩子”的形象，然而，在日常生活中，孩子可能并不是父母理想中的样子。因此，真正的赏识教育需要父母不要用头脑中“理想孩子”作为尺子去衡量孩子，而是应该尊重孩子，从实际出发，尊重孩子的个性。

3. 赏识孩子的努力

犹太父母认为，每个孩子的智力水平相差并不大，只不过有的孩子在其他方面比较擅长一些，而那些先天的因素并不是孩子自己可以把握的。一个孩子最终是否发展得好，关键在于孩子自己的努力，因此，父母需要赏识孩子的努力和进步，而不是聪明才智。

4. 及时赏识孩子的进步

当孩子做得好的时候，父母不要泛泛夸奖，最好是能够发现孩子这一次比上一次好在哪里，这样才能激发孩子的动力和热情，争取下一次做得更好。而且，赏识孩子要趁热打铁，及时鼓励，以免孩子没有得到及时的鼓励而感觉失望，这样就会削弱赏识教育的效果。

5. 巧借他人之口赏识孩子

犹太父母认为，别人的评价是孩子确立自信的一个外在标准，有时候孩子希望得到父母之外的人的赏识。因此，在对孩子的教育过程中，父母可以巧借别人之口夸奖孩子，确立孩子的自我意向，比如，父母可以说：王叔叔觉得你很有礼貌。

6. 从孩子犯错中发现其优点

犹太父母认为，孩子犯错是免不了的，他们总是在不断的犯错、纠错的过程中长大的。因此，关键问题不在于孩子是否犯错，而在于父母采取什么样的态度让孩子意识到自己的错误并加以改正。父母要善于从孩子的错误中发现其优点，用赏识的眼光去看待孩子的错误，这比严厉的批评更有效果。比如，当孩子犯错之后勇于承担责任的时候，父母要记得称赞孩子。

家教启示

犹太父母认为，赏识是一种理解，更是一种激励。赏识教育，其实是在承认差异、尊重差异的基础上产生的一种有效的教育方法，这是帮助孩子获得自我价值感、自信的动力基础，更是孩子积极向上，走向成功的捷径。只要父母能够真正地理解孩子、尊重孩子、赏识孩子，孩子一定会健康积极地成长。

赏识教育是一种心态

生活不是缺少美，而是缺少发现美的眼睛。

——犹太教子智慧

犹太人认为，赏识教育不但是一种教育，更是一种心态。因为每一个孩子都有自己的长处和短处，然而，并不是每一个孩子都有能力把短处变为长处。这时候，作为父母需要有一颗宽容的心，不要时时刻刻揭露孩子的短处，这样孩子才有信心发展自己的长处。比如，有的孩子学习成绩不理想，但是动手能力、生活能力很强，所以，即便孩子考试不及格，父母也不要批评他，只是细心安慰孩子。假如孩子在学习方面取得了很小的进步，父母都要及时地表扬。父母需要理解，假如孩子考不上大学而成为一名优秀的技术工人，那也是一种人生的成功。父母需要学会宽容、真诚地善待孩子，这样会发现每个孩子都有自己的优点。

1. 真正的赏识来自父母的内心

犹太人认为，父母总是希望自己的孩子是最优秀的，不过，在父母的眼里，自己的孩子总是不如别人的孩子好，这到底是为什么呢？这主要源于父母望子成龙的心态，实际上，每个孩子都有优点和缺点，因为父母每天跟孩子生活在一起，所以他们总是看到孩子的缺点，而渐渐忽视了他们的优点。

讲给孩子的家教故事一

杜鲁门当选美国总统后，有一天，一位客人来拜访他的母亲。客人笑着对杜鲁门的母亲说：“有哈里这样的儿子，你一定感到非常骄傲吧？”杜鲁门的母亲笑着回答说：“是这样的，不过，我还有一个儿子，他同样的让我感到十分自豪，他现在正在地里挖土豆呢！”

原来杜鲁门的弟弟是一位农夫，不过，母亲并不认为这位做农夫的儿子是没有能力的，对她而言，每个孩子都令自己感到骄傲，不管儿子是总统还是农夫。杜鲁门的弟弟在接受记者采访的时候，他是这样说的："我为哥哥感到骄傲，他将是美国最优秀的总统之一，不过我同时也为自己感到骄傲，我是一名农夫，用自己的双手养活了自己，照顾了父母。"

杜鲁门的弟弟是如此的自信，而这样的自信正是源于母亲的赏识。在中国的家庭里，父母常常会把自己孩子的短处和别人孩子的长处相比，甚至把别人的孩子过度地美化和夸张，本来想给自己的孩子树立榜样，实际上却给孩子带来很大的伤害，甚至会影响孩子的一生。

犹太父母认为，每个孩子都有自己的长处和优点，尽管孩子的天资有别，学习能力有强有弱，学习成绩也有高有低，不过判断一个孩子的好坏，不能只取决于某一个方面。作为父母不能只凭长相、成绩等方面就认为孩子不如别人、没有出息，而是应该善于发现孩子的优点，发现孩子的长处，一定要坚信自己的孩子是最优秀的，把赞美送给孩子，让他们在赞美中继续发扬自己的优点和长处。

2. 赏识孩子后天的进步

犹太父母认为，赏识孩子的时候，只能赏识孩子的努力，而不应该赏识孩子的聪明与漂亮，因为聪明与漂亮是孩子先天的优势，而不是孩子值得炫耀的资本和技能，而努力和进步则是孩子后天的表现，应该予以肯定。

讲给孩子的家教故事二

周末，学者到当地的一位教授家中做客，一进门，他就看到了教授5岁的小女儿，满头金发，一双蓝眼睛非常漂亮。当学者把从中国带过去的礼物送给小女孩的时候，孩子微笑着向他道谢，这时学者忍不住夸奖："你长得真漂亮，可爱极了！"

然而，这位教授似乎并不喜欢学者的夸奖，在小女孩离开之后，教授的脸色一下子变了，他对中国学者说："你伤害了我的女儿，你要向她道歉！"学者感到很奇怪："我只是夸奖了你的女儿，并没有伤害她呀？"教授却摇头说："你是因为她的漂亮而夸奖她，不过漂亮这件事，不是她的功劳，这取决于我和她母亲的遗传基因，与她个人基本上没有关系。现在孩子还很小，不会分辨，你的夸奖会让她认为这是她的本领，她一旦认为天生的漂亮是值得炫耀的资本，就会看不起那些长相平庸的孩子，这会误导她的想法。”

教授继续说：“其实，你可以夸奖她的微笑和有礼貌，这是她自己努力的结果。所以，请你为你刚才的夸奖道歉。”学者只好正式地向教授的小女儿道了歉，同时称赞了她的微笑和礼貌。

犹太人认为，父母应该赏识孩子的勤奋和努力，对孩子的努力给予最热情的支持和鼓励，不要因为自己孩子不聪明而气馁，而应该为孩子的不努力担心。所谓的天才，其实是百分之一的聪明加百分之九十九的勤奋。父母应该淡忘孩子的聪明，重视孩子的努力，并把这种理念灌输给孩子，让他们意识到只有努力才可以赢得称赞，最终他们会明白这个道理：聪明往往只能决定一时的成败，而努力则可以决定一世的命运。

3. 及时赏识

犹太人认为，每个人都希望获得别人的认同，孩子更是这样，特别是来自父母的肯定。孩子通过自己的努力，在学习或者比赛中赢得好成绩，这就是值得父母赏识的事情。这时父母应该及时给予热情的赏识和赞扬，许多事实证明，父母及时赏识和赞扬孩子，比事后给予赞扬所起到的作用要大得多。

讲给孩子的家教故事三

吉姆高兴地对妈妈说：“妈妈，今天跑步我得了第一名。”妈妈淡淡地回应了一句：“和谁跑步啊？为什么跑步啊？”吉姆十分高兴：“今天上体育课，老师让我们比赛跑步，我是跑得最快的，老师夸我很有运动天赋呢。”妈妈似乎没有听到吉姆的话：“哦，知道了，今天有作业吗？快去做作业吧！”听到妈妈这样说，吉姆有些失望，闷闷不乐地躲进了自己的房间，他纳闷为什么自己跑了第一名，妈妈却好像一点儿都不高兴，也不称赞自己。

这时爸爸回来了，爸爸看到吉姆好像不太高兴，就问：“孩子怎么了，有什么不开心的事情吗？”吉姆委屈地对爸爸说：“爸爸，我今天跑步得了第一名，老师都夸奖我了，但是妈妈好像一点儿都不高兴。”爸爸很高兴地问：“是吗？第一名啊，真厉害！告诉爸爸，都是和谁跑的？”吉姆绘声绘色地说：“体育老师让我们分两组，男生一组，女生一组，男生里我跑得最快，他们都不如我，被我落下好大一截呢！”爸爸夸奖说：“真不错，一会儿吃饭多吃点，这样身体才会更强壮，以后跑步还得第一名。”听到爸爸这样说，吉姆高兴地点点头。

犹太父母认为，有时孩子需要的不仅仅是父母一句赞扬的话，他们更需要得到父母的重视和关心。假如父母没有对孩子的成绩表示出及时的关注，这会让孩子们感到失望，甚至有可能挫伤孩子的积极性。及时赏识孩子，表现出父母真心的赏识，这将会给孩子传递一种强大的精神力量，让孩子更加自信，从而激励孩子奋发向上，健康快乐地成长。

家教启示

许多中国父母把赏识与赞扬等同起来，在他们看来，赏识孩子就是告诉孩子：“你真棒！”对此，犹太父母认为，赏识教育远远不是说一句“你真棒”这样简单。赏识首先应该是一种心态，一种欣赏孩子的心态，而赞扬只是赏识的一种手段而已，父母只有把赏识的心态融入称赞中，孩子才会感受到赏识教育的力量。

挑剔的眼光会让孩子受伤

学会用理解欣赏的眼光去看对方，而不是以自以为是的关心去管对方。

——犹太教子智慧

犹太父母认为，当孩子还很小的时候，父母呵护备至，担心孩子受一点点伤害，几乎都是按照孩子的想法来做事。但是，随着孩子不断长大，懂事，父母却发现孩子开始暴露出一些问题，总认为和自己想象的差很远，这样父母便开始按照自己的意愿来要求、来刻画自己孩子的模型，用挑剔的眼光看孩子，不是这个不行，就是那个不行，父母总会说孩子存在的各种问题。在他们眼里，似乎孩子没有优点，只有缺点，其实父母们总是用挑剔的眼光看孩子，对孩子的成长是非常不利的。

讲给孩子的家教故事

小丫上小学三年级，妈妈总是说她这没做好，那也做得不对，她已经习惯妈妈的唠叨了，要是哪一天爸妈不说她，她就几乎不想做作业了。小丫妈妈在别人面前也是百般挑剔她，这让她心里感觉不舒服。

尽管孩子年龄比较小，对父母的举动没有太大的反映，不过等孩子长大了，到了上初中的时候，孩子的叛逆心理就产生了。所以，父母不能用挑剔的眼光去看待自己的孩子，每个孩子都有自己独立的想法，有自己的心理反应，假如父母不顾孩子的自尊心，一味地挑剔，就会让孩子在打击中越来越自卑。

犹太人认为，许多父母的挑剔是多方面的：

1. 过高的要求

许多父母为孩子制定了过高的要求，比如学习成绩优秀、生活习惯要好、要参加各种活动和培训班等，都是按照父母设定的要求去做，孩子没有控制权。有的父母对自己的孩子要求很高，孩子不能犯一丁点儿错误，一旦出错就是责骂和打击，在这种环境下成长的孩子容易自卑，做事情放不开，遇事没主见，不独立。这样的孩子长大后，思维比较狭窄，考虑问题不全面，没有创新意识，而这都是小时候造成的，因为父母没有给孩子思考问题的机会，没有给孩子创新的机会。

2. 过于挑剔

父母对自己的孩子过于挑剔，只要挑出来一个毛病，就会加倍挑出其他的毛病。对待孩子身上的毛病，父母需要一分为二地去看待，毕竟孩子很小，毛病肯定会有，不存在毛病的孩子几乎没有。有的父母觉得孩子学习成绩不好，其他方面也做不好，对于孩子出现小问题，就用放大镜去看，以偏概全，结果孩子就在挑剔的眼光中自卑而委屈地成长。

据说，有一次，几十个中国孩子与外国孩子一起进行了某项测试，然后孩子把测试结果拿回家给各自的父母看，结果，外国 80% 的父母对自己的孩子表示满意，而中国的父母看了孩子的成绩后，80% 表示不满意，而实际上，外国孩子的成绩还不如中国孩子，这是为什么呢？中国的父母总习惯用挑剔的眼光来看待孩子，而外国父母则习惯用欣赏的眼光看待自己的孩子，许多父母望子成龙的心态太过急切，他们好像容忍不了孩子暂时的落后与普通的成绩，往往把自己急躁的情绪发泄在孩子身上，对孩子呵斥、打骂，结果往往适得其反。

1. 用发展的眼光看待孩子

犹太人觉得，父母应该用发展的眼光看待孩子，允许孩子犯各种错误，父母要及时帮助孩子改正错误，不要等孩子犯了错误再教育。

2. 等待孩子慢慢成长

父母要学会等待孩子的成长，孩子毕竟还很小，他的想法不可能跟大人一样，父母要允许孩子有自己的想法、做法，孩子达不到父母所设定的理想层次很正常，对于孩子的成长也要有耐心。

3. 了解孩子的想法

父母要学会和孩子共同探讨一些问题，从而了解孩子的想法，引导孩子的思维，同时激发孩子对知识的渴望，允许孩子说出一些稀奇古怪的想法，让他自己去找资料来验证，或者父母给孩子提供资料。

家教启示

犹太父母认为，每个孩子都是为了得到欣赏而来到人间。假如父母总是用挑剔的眼光看孩子，盯住孩子的弱点和短处，小题大做，不断夸张，就会导致孩子自暴自弃；假如父母用欣赏的眼光看孩子，发现孩子的长处和优点，就会使孩子的心灵得到舒展，潜能得到发挥。即便孩子现在的表现还不能让你满意，也不要过于着急，而要用欣赏的眼光看待孩子，发现孩子的优点和长处。当然，欣赏孩子并不是一味地鼓励或赞扬，而要真正认识到孩子的才能和所做事情的价值，给予充分的重视和赞扬，支持孩子朝着他喜欢、擅长的方向发展，让孩子最终获得富足的人生。

不要让孩子成为比较的牺牲品

从来不对孩子说，他比别的孩子差。

——犹太教子智慧

犹太人认为，父母经常犯的错误是好高骛远，一方面认为自己的孩子是最好的，另一方面又因为孩子达不到自己设定的标准而感到失望，他们总希望孩子表现优秀，有最好的前途，所以很难容忍孩子在某些方面、尤其是学习上不及同龄孩子，认为这是孩子的失败。父母经常犯的错误，就是拿优秀的孩子与自己的孩子比较：大家都一起学习，别人能学好，为什么你学不好？那肯定是孩子不用功，实际上，对于那些学习基础比较薄弱的孩子而言，这种错误的比较正是父母需要避免的，因为这样做对孩子自信心的打击最大。

毫无疑问，作为父母，没有不爱自己的孩子，常常拿别人家的孩子与自己的孩子做比较，也是出于善心，希望孩子能以他人为榜样，学习别人的优点，为父母争气。但是，父母有时候就是善心做坏事，如果爱孩子，就不要拿自己的孩子与他人做比较，否则就会适得其反。

讲给孩子的家教故事

威廉和斯蒂芬是表兄弟，两人常常一起玩，学校一放假，斯蒂芬就会到姨妈家里玩。这天姨妈和斯蒂芬聊起了考试成绩，斯蒂芬自豪地告诉姨妈，自己的各科成绩都是A，姨妈夸奖说："你真是个好孩子，学习总是那么好，咦，我还没有看见威廉的成绩单，威廉，你来一下。"其实，威廉早已经在楼梯上听到了妈妈和表哥的谈话，听到妈妈在叫他，不情愿地走过来，妈妈问："威廉，你这次考试考得怎么样？成绩单在哪里？"威廉回答说："在房间里。"

看着威廉无精打采的样子，妈妈有些生气了，问："是不是又考了差成绩？去把成绩单拿来，我要看一看。"威廉把成绩单拿来了，没有一科是A，妈妈忍不住大声呵斥："你的成绩为什么总那么糟？斯蒂芬总是考取好成绩，你为什么不能像他一样，你的学习环境哪一点比他差？你就是太懒，总是注意力不集中，不专心听讲，回房间里去好好想一想，再来跟我谈，我不想看你现在这个样子。"尽管妈妈已经不是第一次在斯蒂芬面前呵斥自己了，但威廉还是感觉下不来台，只好含着眼泪回到了房间。

犹太人认为，父母常常拿自己的孩子与别人做比较，对孩子造成的影响是很严重的，那些被父母做比较的孩子觉得自己得不到父母的注意，因为父母似乎喜欢别的孩子多一些，以至于他们会做出一些吸引父母的行为，不过这些行为通常都是父母不喜欢的，这就是一种恶性循环。

1. 看到自己孩子的优点

犹太人认为，许多父母对于孩子的缺点数落不完，一旦被问及孩子的优点，却显得支支吾吾，半天回答不上来。其实，这就是很多父母只看到了孩子的缺点，而没有看到孩子的优点，即便孩子有一个优点，父母也会横向比较，觉得孩子和更优秀的孩子相比还是有差距，这样一种心理会促使过高的期望值模糊了父母的眼睛。所以，父母应该看到孩子的优点，只要孩子显露出一个优点，那就是值得赞赏的地方。

2. 孩子细小的一步，也是值得称赞的一大步

与同龄最优秀的孩子相比，可能自己的孩子总是显得不那么突出，方方面面都差强人意。但是，比起孩子昨天的表现，你的孩子是否已经迈出了细小的一步

呢？以前他可能英语成绩不及格，但现在几乎都能跨过及格的大关，取得良好的成绩，或许他离优等生还有一段距离，但是孩子的进步却是显而可见的，因而这也是值得称赞的一大步。父母要善于发现孩子每天的一点进步，可能他今天变得有礼貌，他懂得了尊重他人，他学会关心妈妈了，等等，这点点滴滴的进步虽然看起来微不足道，却是孩子做出的努力，所以，值得父母进行大力的赞赏。

3. 降低自己的期望值

犹太父母认为，对孩子不满意的根源，就是父母有着过高的期望值，大多数父母会关注到别的孩子的成绩，继而对自己孩子不满意，这就是典型的横向比较。教育专家指出，父母对孩子不满意，可能会引发孩子的心理问题，当孩子所承受的心理压力过大却又找不到释放的渠道时，就容易出现问题。这时候，父母要改变观念，好孩子的标准既要学习好，又要身心健康，人格健全。父母要降低自己的期望值，鼓励孩子的点滴成就，平等地与孩子进行沟通，尽可能地避免使用刺激性的语言，以免对孩子造成伤害。

家教启示

犹太人觉得，父母最好的做法是不要把自己的孩子与别的孩子进行比较，而是关注自己孩子所取得的每一个微小的进步，毕竟，每个孩子都有自己的特点，假如父母只和高的攀比，而看不到自己孩子的长处，这很容易导致自己教育失败。

鼓励并支持孩子的兴趣

学问必须合乎自己的兴趣，方才得以得益。

——犹太教子智慧

人们经常说：“兴趣是成功的第一任老师。”所有的成功都是从最初的兴趣开始的，兴趣是一切行为最初的出发点和原动力，是一切成功的最初条件。犹太人非常重视幼儿的兴趣教育，正因为如此，犹太民族中才会涌现出无数的天才。爱因斯坦、玻尔、斯皮尔伯格的父母很早就认识到好奇心对孩子成才的巨大作用，所以他们才能培养出影响世界的天才儿童。

孩子经常会向家长提出各种各样的问题。这时，家长应该努力激发孩子的兴趣，不要急于将自己知道的知识告诉孩子，应该让孩子自己找出答案。随着知识的增加，孩子失去了当初的好奇心和兴趣，父母就应该想方设法让孩子不要仅仅满足于已经学会的知识，而是向更深的知识领域进军。

犹太父母在孩子刚开始学习的时候，就不断向孩子灌输学习是一件甜蜜而快乐的事情，这样孩子从小就会对学习产生一种兴趣。孩子如果在学习上不断取得成功，兴趣就会倍增，从而无意识地激励自己不断地学习。

讲给孩子的家教故事

卡尔·维特极有天赋，他八九岁的时候就能自如运用德语、意大利语、拉丁语、英语和希腊语，通晓动物学、植物学、化学，尤其擅长数学。小卡尔·维特之所以是个全能的天才，是因为他在学习中感到了快乐。

小卡尔·维特和普通的孩子一样，也有自己的喜好和小性子，比如，他刚开始学习数学的时候，非常讨厌背诵乘法口诀，但是后来他却非常喜欢数学，这巨大的转变正是源于他的父亲兼老师老卡尔·维特的教育法。老卡尔·维特非常注意培养儿子的兴趣，为了使小维特对数学感兴趣，他从一位学者那里获得经验，通过掷骰子、数豆子、商店买卖等游戏激发孩子的学习兴趣。老卡尔·维特经常富有创造性地把静态的知识融入生活中，使知识立体，逐渐培养小卡尔·维特对学习的兴趣。

父母要想让孩子长大以后有所作为，就应该注意培养孩子的兴趣，兴趣是一切行动的原动力和起始点。孩子首先会对某些事情感到好奇，然后才会产生兴趣。每个人都有好奇心，孩子的知识有限，他们对很多事情都不了解，因为好奇，所以才希望探索，一旦失去了好奇心，就会失去探索的动力，甚至止步不前。

犹太父母认为，要想使孩子在某一领域有所建树，重要的是不断地培养孩子的兴趣。兴趣是成功的第一任老师，也是成功的起点。一切兴趣皆是好奇心使然。如果父母在孩子很小的时候就注意激发他的好奇心，并鼓励他不断地继续研究，孩子就很容易成功。

1. 让孩子保持强烈的好奇心

父母应该让孩子保持强烈的好奇心，引导孩子采取实际行动去接近那些美好的事物，为其揭开神秘的面纱，比如游戏这么好玩，它是如何设计出来的？我们要想解决这些疑问，就会进一步地钻研，翻阅计算机书籍或者百科全书，这样就产生了兴趣。

2. 让孩子保持兴趣的稳定性

犹太父母认为，培养孩子的兴趣，就是让他们不间断地去熟悉它，逐渐地让它成为孩子生活的一部分，每天都接触它，时间久了自然会“上瘾”，比如喜欢打篮球的男孩子，一天不打就觉得全身没劲，这是因为篮球已经成为他们生活中的一部分。

3. 需要将兴趣延伸，使之成为孩子的特长与技能

犹太父母认为，如果孩子整天玩电脑，并没有将自己对计算机的兴趣延伸，那么他终将对计算机失去兴趣。当孩子对某件事物感兴趣的时候，父母需要指出一个深入的方向，将孩子的兴趣延伸，一层一层地向前“翻阅”，让孩子在兴趣中收获快乐。

4. 让孩子认识一些志同道合的朋友

父母可以引导孩子结交一些“志趣相投”的朋友。比如孩子喜欢文学，那就结识几位文学爱好者。这是因为自己即使对某件事情有着极大的兴趣，但总有停滞的时候，如果有几个朋友在旁边加油鼓劲，就会促使孩子对兴趣越发专注。

家教启示

犹太父母认为，小孩子对一切都感到非常好奇，他们认为一切都是非常有吸引力的，这时候，他们会想尽办法进行研究，但是自己的智力又达不到，所以他们的好奇心会促使他们不断学习。随着年龄的增长，孩子的智力也不断增长，然而孩子的好奇心由于各种原因会逐渐地减弱甚至消失。明智的父母会鼓励孩子对自己感兴趣的东西进行研究，这样孩子的兴趣就会不断延伸和扩大。

尊重孩子并让孩子学会尊重

礼貌是儿童与青年所应该特别小心养成习惯的第一件大事。

——犹太教子智慧

犹太人的父母就非常重视孩子在这方面的教育，这毕竟是影响孩子一生的美德。只有尊重别人的人，才会在某些方面赢得更多机会。在与朋友的相处中，会变得更有人缘；在学习上，更容易得到同学和老师的帮助；在工作中，更容易得到老板的器重；在事业上，更容易得到同事的帮助和支持，这样的人才会在事业上更容易取得成功。懂得尊重，是要从小学起的，只有尊重别人的人，才能得到别人的尊重。犹太父母在孩子很小的时候就注意培养孩子尊重别人的美德，让孩子知道，只有尊重别人的人，才会赢得别人的尊重，也才能获得成功的机会。

讲给孩子的家教故事

安迪只是一个3岁的小孩子，由于他是家里的独子，所以他的父母都非常疼爱他。安迪觉得父母对他言听计从是应该的，因为父母只有他一个孩子，所以就应该非常乐意地为他服务。父亲发现孩子有这种心理后，变得非常担忧，他觉得孩子一切都还好，就是不会尊重别人，现在对待父母就这样，以后进入社会很是令人担忧，于是他就想到一种方法，准备教育儿子一下。

有一次，安迪要喝牛奶，他对着正在做家务的母亲喊道："给我拿瓶牛奶。"母亲刚想去拿牛奶，安迪的父亲将她拦住了，他向她使了个眼色，他觉得这就是解决问题的突破口。母亲于是又继续做她的家务。安迪见母亲迟迟不拿，就冲着父亲的方向喊道："我要喝牛奶。"父亲也不吱声。安迪感觉很不解，就过来问父亲："为什么你们都不给我拿牛奶？""孩子，你已经上幼儿园了，这说明你已经是个大人了。既然是大人，那就应该用大人的办法解决问题。你让我们帮你拿牛奶，为什么不知道尊重我们呢？不然我们怎么会知道你要请谁帮忙？请人帮忙是一件麻烦别人的事情，尤其是别人正在做其他事情的时候，更是如此。所以你请人帮忙就不应该这样理直气壮，你应该知道如果你的态度不诚恳，别人是不会帮你的。"安迪若有所思，然后觉得父亲说得有道理。"那我应该怎么说才正确呢？"安迪问道。"应该像这样，妈妈，帮我拿瓶牛奶可以吗？"父亲示范着说道。安迪于是就对父亲说道："爸爸，帮我拿瓶牛奶可以吗？"父亲很高兴地帮助了他。安迪在父亲的教育下，终于学会了什么才是真正地尊重人。

孩子是需要从小培养的，孩子的年龄小，这样他们接受的教育就很容易影响他们。现代社会独生子女越来越多，有些父母不注意培养孩子的道德品行，那么孩子长大以后就依然不会尊重别人，而且随着年龄增大，一旦形成习惯，很难改变。

身为父母，都应该注重孩子这方面的教育，不要以为孩子还小，这些教育不适合孩子的成长，大量的事实证明，这一想法是错误的。如果在孩子很小的时候就忽视了这方面的教育，那么以后进行弥补，就会付出更大的代价。一个不懂得尊重别人的人永远不会得到别人的尊重。尊重别人表现在生活中就是，对别人一定要有适当的称谓，这是尊重别人的最起码常识。

请别人帮忙的时候，不要用"理所应当"的语气，要知道这是一件麻烦别人的事情，不是别人麻烦你。所以语气一定要诚恳，不然别人是不会帮助你的。对待别人的时候一定要客气、和气。如果别人有求于你，你要想想自己是否能做到，如果能做到，那就尽全力地帮助别人，如果的确超出了自己的能力范围，那就应该如实地说出自己的难处，这样别人也不会怪罪你。

家教启示

犹太父母的这种教育方式值得每个中国父母学习，只有从小就注重孩子在道德方面的教育，孩子才能成长为一个对社会有用的人，从而不断走向成功。

第04章

犹太人的挫折教育课：逆商是孩子成功的推动力

逆商，也就是逆境商数，有时候，我们也称之为挫折商或逆境商。逆商是指我们面对挫折、摆脱困境和超越困难的能力。逆商并不只是衡量我们超越学习挫折的能力，同时，它还衡量一个人超越任何挫折的能力，诸如生活、命运。而犹太父母认为，逆商是孩子成功的推动力。

引导孩子正确看待失败

身处逆境而泰然自若，乃高雅之极致。

——犹太教子智慧

犹太父母总是告诉孩子：每个人的人生道路不可能是一帆风顺的，都会有环境不好、遭遇坎坷、工作辛苦、事业失意的时候，这时候千万不要放弃，因为人生没有失败，只有放弃。犹太人认为，我们每个人从出生的那一天起，就注定了背负经历各种困难折磨的命运，既然是前生注定，今生的苦乐就是难以避免的。假如做生意顺利，就可以赚取很多钱；一旦运气不好，日子就有可能过得艰苦一些，若是你不够坚强，当逆境来临时，就会匆匆结束这次旅行。假如我们足够坚强，逆境又算得了什么呢？

犹太人总是把逆境看作是一种人生挑战，在压力的促使下，他们能够充分发挥自己的能力，从而发现自己的潜能，肯定自身的价值。而一些人好像就是为逆境而生的，顺境的时候，他往往提不起精神，而一旦遇上逆境，有了压力，则会精神百倍，像变了一个人似的，与逆境抗争着。

讲给孩子的家教故事

约瑟夫·荷西哈是一个从贫民窟里走出来的犹太人，贫穷苦难的童年让约瑟夫尝尽了生活的心酸，不过他相信，自己只有经历了苦难，才能赢得成功。

就在约瑟夫 8 岁的时候，他家遭遇了一场大火，从此他变成了一个小乞丐，兄弟姐妹陆续被他人领养。在小约瑟夫将被一对老夫妻领养时，他大叫：“我绝不离开妈妈，我不能丢下妈妈不管。”他跟着妈妈去了纽约这个大城市，那里的新鲜事物让约瑟夫感到世间的美好，但是小约瑟夫还没看够这个世界，妈妈就带着他去了纽约布鲁克林区肮脏的贫民窟。苦难没有停止，妈妈不幸被烧伤，住进医院乱哄哄的大病房。因为没有钱，妈妈住不了高级病房，约瑟夫于是暗暗发誓：以后绝不做金钱的奴役。

为了赚钱，约瑟夫努力找工作，他来到纽约证券交易市场看、听，当他知道在这里可以一夜之间变成富翁，约瑟夫感觉身体里的血液在沸腾，自己一定要在这里闯出一片天地。几年之后，终于有一家留声机公司愿意留下他，在经历了无数的磨难之后，约瑟夫成为一个出色的股票经理人。

1971 年，17 岁的约瑟夫不再受人雇用，他用积攒的 225 美元开创事业。刚开始的时候，一切都还比较顺利，他赚了 16.8 万美元。但是，因为战争原因，约瑟夫瞬间只剩下 4000 美元的财产。这时约瑟夫明白了，这个世界没有永远的财富，只有凭借智慧，随时保持着忧患意识，才能赢得成功。

最后，从贫民窟里走出来的约瑟夫凭着对股票生意的天赋成了股票业的巨头。

故事讲完后，犹太父母总是告诉孩子：逆境或许是社会的一种选择机制，看你能否经受逆境的考验，能够通过考验的人会脱颖而出，从而赢得人生的成功。所以，逆境可以说是我们人生的一个分水岭，有的人会被逆境打倒，变得颓废消沉，而有的人从逆境中崛起，努力拼搏，那么他的人生和事业就会进入一个全新的境界。

对于孩子们来说，他们的逆境则是在学习和生活中受挫，那么他们的受挫原因大致有哪些呢？犹太父母认为有以下几点：

1. 心理承受能力较差

许多中国父母为了帮助孩子创造一个良好的学习氛围，不让孩子吃一点苦，受一点委屈，认为孩子的任务就是学习，其他所有事情都由父母包办。父母将孩子在家庭范围内承受挫折磨炼的机会降到了最低。尽管这样的父母是用心良苦，不过结果往往适得其反。因为父母对孩子的过度关心、过度保护、过度限制，致使孩子缺少磨炼，最后形成一种无主见、缺乏独立意识、依赖父母的心理。这样的孩子一旦遇到了逆境就会束手无策，心灰意冷，心理承受能力很差。

2. 情感上的困扰

犹太父母认为，孩子们的情绪的深刻性和稳定性尽管在发展，不过依然有外露性，比较冲动，容易狂喜、暴怒，也很容易悲伤和恐惧。对孩子来说，情绪来得快，去得也快，顺利时得意忘形，遇到挫折时就垂头丧气。因为理智和意志比较薄弱，不过欲望较多，假如父母不能满足其要求，孩子就会产生一些不良的情绪，他们会忍不住发脾气。

3. 学习上的烦恼

在中国，许多孩子都是独生子女，父母们望子成龙心切，对孩子提出很多不符合他们身心发展规律的过高期望，再加上频繁的考试、测验、作业、学业竞争，从而增加了孩子们的心理压力，导致他们不敢面对失败。沉重的学习负担和强大的思想压力，让孩子们精神非常紧张，长时间处于焦虑不安之中。

4. 人际关系方面的困扰

犹太父母认为，随着孩子的心理发展和自我意识的增强，强烈地渴望了解自己与他人的内心世界，所以产生了相互交换情感体验，倾诉内心秘密的要求，他们希望得到别人的理解、尊重、信任。不过有的孩子因为个人特点造成在人际交往中的障碍，自以为是，不能清楚地了解自己的不足，结果导致在人际关系中极不受欢迎，易形成孤独的性格。

家教启示

犹太人认为，挫折是当孩子遇到无法克服的困难，不能达到目的时所产生的情绪状态，人的一生可以说是与挫折相伴的。困难和挫折，对于成长中的孩子而言，是一所最好的大学，而父母对孩子过分溺爱和保护，让孩子缺少参与、实践的机会，缺乏苦难的磨炼和人生的砥砺，所以，孩子的心理承受能力十分脆弱，遇到一点点挫折就灰心丧气、自暴自弃，从而失去信心。

培养孩子在挫折面前拥有勇气

小孩是经过跌倒再跌倒，才逐渐长大的。

——犹太教子智慧

犹太人认为，失败绝不会是致命的，除非你认输。假如在失败面前一蹶不振，成为让失败一次性打垮的懦夫，那无疑是无勇无智的人；假如遭遇失败的打击后不知道反省，不善于总结经验，只是凭着一腔热血横冲直撞，结果不是头破血流，就是事倍功半，即使成功了，也是昙花一现，只是一个有勇无智的人。假如遭遇了失败的打击之后，可以审时度势调整自我，然后再度出击，勇往直前，赢得胜利，就是智勇双全的成功人士。犹太父母特别教育孩子，挫折并不可怕，可怕的是你失去了前进的勇气和决心。

古滋·维塔在 40 年前带着全家人匆匆来到美国。当时，他身上只有 40 美元和 100 张可口可乐的股票。但是，就在 40 年后，他领导了可口可乐公司，让公司的股票增长了 7 倍，使整个可口可乐价值增长了 30 倍。他在总结自己的成功时这样说道："一个人即使走到了绝境，只要你有坚定的信念，抱着必胜的决心，你依然还有成功的可能。"古滋·维塔几乎成了高逆商的代表，虽然，他经历了无数的坎坷，但却一次又一次地被自己超越了。无论是古滋·维塔的故事，还是查尔斯·布朗的故事，都告诉我们"挫折并不可怕"、"遇到了挫折并不算丢脸的事情"，而孩子有效提高自己逆商的途径之一，就是"正确看待挫折"。

讲给孩子的家教故事

查尔斯·布朗从小就生活在一个贫困的家庭，但是，父亲十分支持布朗读书，并把他送到了一所较好的学校。在这所学校里，富家子弟比较多，他们经常欺负穷人家的孩子，布朗虽然是最穷的，但却是成绩最优异的学生。在一次课上，老师正在黑板上写一道题，但有名调皮的学生却在下面捣乱，老师点名批评了那名学生：“要是你能像布朗这样爱学习，你的成绩就不会那么糟糕了！”说完，老师请那名捣乱的学生上来做题，半天他也解答不出来，接着老师又叫布朗上来做，布朗很快就做出来了，老师当着全班学生的面夸奖了布朗。

不过，就在当天放学后，布朗走出校门就被几个孩子拦住了，他们不由分说就把布朗按倒在地，对他一阵拳打脚踢，布朗被打得躺在地上不能动弹。其中一个孩子对布朗说道：“谁叫你那么逞能啊，下次再敢逞能就打扁你。”回到家，布朗身上青一块紫一块，把父母都吓坏了，他们在知道事情的真相后异常难过。妈妈心疼地抱着布朗说：“以后不要去上学了。”布朗听了连忙说：“不，我要上学，我要读书！”

后来，父亲把布朗转到了离家较近的一所学校，这所学校里大多数学生是贫穷人家的孩子，学校环境很差，老师也不按时来上课。但是，这一切并没有阻止布朗学习的决心，他依然如痴如醉地学习。放学后回到家里，他还要自学，由于家里穷，舍不得晚上开灯，他就到外面的路灯下学习。贫困的家境和艰苦的学习环境，这一切的挫折都不能阻止布朗上进学习的决心。在后来的日子里，布朗通过接触《普通化学》迷上了化学，之后他考上了芝加哥大学，并获得了奖学金。大学毕业后，他开始了自己的研究生涯，并于 1979 年获得了诺贝尔化学奖。

犹太人认为，在孩子们的学习与生活中，会经常遇到一些小挫折。比如，在某次测验中，成绩不理想；在某次集体活动中，把表演搞砸了；在体育竞赛中，由于自己失误而拖累班级输掉了整场比赛，等等。诸如这样的小挫折，孩子们几乎每天都会遇到，当然，有的孩子出生在贫困的家庭，不能穿好的、吃好的、玩好的；有的孩子小时候就失去了妈妈或爸爸，等等。无论是小挫折还是大挫折，只要孩子们能够以正确的心态去面对，就能够战胜它，最后发现它并没有那么可怕。孩子需要通过正确看待挫折来提升自己的逆商，给予自己战胜挫折的力量。

1. 多角度看待挫折

犹太人认为，正确看待挫折，要善于开阔自己的视野，以宽阔的胸襟，从不同的角度去看待、观察事物。正如诗中所说“横看成岭侧成峰，远近高低各不同”，对待挫折也是一样，不同的目标，不同的角度，就会产生不同的结果。有的孩子在一次考试失败后就一蹶不振，下一次他一样失败；有的孩子面对鲜红的分数，能够勇敢面对，最终获得了成功。当孩子在生活或学习中遇到了挫折，父母要引导他看开点，放眼看去，它不过是我们漫长生命历程中一个微不足道的黑点，没有必要陷入失败的痛苦中，而是应该吸取教训，努力向前走，“失败乃成功之母”，让孩子从哪里跌倒就从哪里爬起来。

2. 增强自信心

犹太人认为，如果孩子擅长某一方面，就会在这一领域里有着充分的自信，这可以帮助孩子更好地面对来自其他方面的挫败感。在学习中，父母要引导孩子善于发现自己的优势，最大限度地发挥自己的长处和优势，努力表现自己，体现自身价值。当孩子在自己所擅长的某领域体验到成功，看到了希望，就能帮助他们找回失去的信心。

3. 善于调节心理

父母可以让孩子学习一些缓解心理压力的常识与小窍门，这样便于他们在遇到挫折时进行自我调节。比如，当孩子出现紧张、畏惧的情绪时，提醒他们深呼吸几次，忘记这是在比赛，把比赛当作日常生活中的一项运动，并以放松的心态来迎接挑战等。而且，通过调节心理来合理宣泄心理压力，这样能有效控制“输不起”心理。

家教启示

犹太人认为，不走出失败的阴影，就会被失败销蚀你的斗志，最终与成功无缘。有的人在成功打拼的路上，或者并不缺乏拼搏的精神，不过却少了不畏挫折坚持到底的恒心。有的人被失败打败之后，丧失了进取心，在失败与挫折面前一蹶不振，最终只会失败。这些不仅仅是犹太人自己坚持的，而且他们将这些思想灌输给孩子，让孩子从小就勇敢面对挫折，勇往直前。

让孩子拥有积极乐观的心态

开朗的性格不仅可以使自己经常保持心情的愉快，而且可以感染你周围的人们，使他们也觉得人生充满了和谐与光明。

——犹太教子智慧

犹太人认为，人类最大的弱点就是自贬，自己看不起自己。比如，有个人在报纸上看到一份自己喜欢的工作，不过他没有行动，因为他想：可能我胜任不了这个工作，何必自找麻烦呢？许多人很好地认识了自己，不过他们所认识的是自己消极的一面。大部分的自我评估都包括了很多的缺点、错误、无能，虽然认识自己的缺点是正确的，不过若是只看到自己消极的一面，就会让自己陷入混乱，认为自己没什么价值。所以，犹太人总是教育孩子要全面、正确地认识自己，用一种积极的心态去面对所有问题。

讲给孩子的家教故事

凯斯特是一名普通修理工，生活还算过得去，不过离自己的理想还总是差那么一大截。有一次，凯斯特听说底特律一家维修公司招工，于是决定去试一试，希望自己能够找一份待遇较高的工作。他星期天下午达到了底特律，面试时间定在了周一。吃过晚饭之后，凯斯特一个人坐在旅馆房间里，不知道为什么，他想了许多，把自己经历过的事情都在脑海中回忆了一遍。他感到莫名烦恼：自己并不是一个智力很低的人，为什么会一事无成呢？

凯斯特拿出纸和笔，写下四位自己认识多年、薪水比自己高、工作比自己好的朋友的名字，其中两位曾经是他的邻居，现在已经搬到高级住宅区了，另外两位是他以前的老板。凯斯特有些不服气：“和这四个人相比，除了工作比他们差之外，自己还有什么地方不如他们呢？聪明才智？其实他们实在不比自己高明多少。”

经过了很长时间的思考，凯斯特找到了问题的所在：自己性格情绪的缺陷。在这方面，他不得不承认自己比他们差了许多。尽管夜已经深了，但凯斯特的头脑却越来越清醒，他第一次这样清晰地了解自己，发现过去常常不能控制自己的情绪，喜欢冲动、自卑、不能平等地与人相处，等等。他从来都是一个极不自信、妄自菲薄、不思进取、得过且过的人，他总认为自己没办法成功，也从不认为能够改变自己的性格缺陷，既然自己的能力不差，那自己只要改掉这些毛病就会成功。于是，他下决心摒弃自己不如别人的想法，绝不自贬身价。

第二天早上，当凯斯特满怀信心地前去面试，结果被顺利录取了，在他看来，自己能顺利得到那份工作，与自己前一晚的沉思和醒悟有关。工作后的凯斯特逐渐建立起好名声，每个人都认为他是一个乐观、机智、主动、热情的人。即便之后的经济危机，乐观的凯斯特也安然度过了，公司在进行调整的时候，不仅分给了凯斯特可观的股份，而且还给他加了薪。

犹太人奉为名言的一句话是：千万不要吝啬赞美别人，也不要忘记称赞自己。有时候，我们难免害怕表达自己的感受，假如家里没有彼此称赞的习惯，不要泄气，我们依然可以试着去改变，在短时间内改变或许并不容易，但是只要你耐心地去练习和实验，就一定能够成功。

犹太人喜欢自我暗示，这会产生巨大的作用，因为你比想象中的还要好，你知道你自己的优点吗？在他们看来，所谓的优点是任何你能运用的才干、能力、技艺与人格特质，这些优点也都是让你继续成长的要素之一。犹太人如此积极乐观的人生态度是从小培养起来的，当犹太父母发现自己正在成为孩子消极态度的榜样时，先从自己做起，用不同的角度看人生，多看积极的一面。犹太父母认为，培养孩子积极的人生态度不仅让他们生活得更快乐，而且更健康。

1. 言传不如身教

犹太父母认为，父母的一举一动孩子都会记住和模仿，假如孩子看到你在艰难时刻的坚强表现，他们也会向父母学，用同样的积极方式渡过难关，父母的一举一动对孩子有很大的影响。假如你的孩子总是消极，那你应该适时地审视自己的人生态度，父母对孩子世界观的影响往往是最大的。假如你总是把工作中的负面情绪带回家，而从来不谈工作中愉快的事情，孩子就会受你的影响而把注意力集中在生活中那些不愉快的事情上。

当然，生活中的不如意对孩子也会造成负面影响，比如亲人的离世、父母离婚，贫困或者失去好友都有可能导致孩子的人生态度发生改变。在人生的艰难时刻，父母应该给予孩子支持，帮助他们渡过难关。

2. 避免指责孩子

假如父母总是指责孩子，孩子往往就会变成你说的那个样子。假如你总是指责孩子是家里消极的人，时间长了，孩子就会变得消极。因为在潜意识里，孩子会觉得自己真的是父母说的那个样子。

3. 积极面对挫折

犹太父母认为，人生难免经历挫折，而且现实和理想总会有很大的差距，孩子免不了遇到挫折。当孩子遇到挫折时，告诉孩子这并不是一件坏事，一次不成功可以再试，这次考试没考好，争取下一次考好。面对挫折和坎坷不要灰心，从头再来，这样可以更好地面对生活中的起起伏伏。

4. 避免批评

犹太父母认为，批评并不会让你的孩子做得更好，还可能会助长孩子的负面情绪。当孩子为功课感到烦恼的时候，父母可以帮助他们，鼓励他们所取得的点滴成绩。即便成绩不是很理想，也要告诉孩子失败和成功都是人生的必修课。

家教启示

犹太人认为，乐观和悲观的人尽管有部分是基因的差别，与某些影响大脑化学物质有关，不过这仅仅是部分原因，更主要的是从小学习某种态度和观念。假如父母希望孩子长大后成为一个积极应对各种困境的人，最好的办法就是父母首先做到这一点。只有让孩子用欣赏、感激的目光看待这个世界，孩子才会感到快乐，意志力更强。

让孩子善于从失败中吸取教训

失败也是我需要的，它和成功对我一样有价值。

——犹太教子智慧

犹太人认为，成功是在不断的失败和探索中发现的，一个真正的聪明人，是善于从失败中吸取经验教训的。假如你希望在你的生活中创造积极的东西，你需要改变一下自己做事的方式。在他们看来，每个人都免不了失败，在失败面前，需要保持头脑清醒。在生活中，有的人即便失去了他所有的一切，不过他们并不算是失败，因为他们有一种不屈服的意志，他们从来不介意一时的成败，因为失败只会让他们变得更加成熟。

讲给孩子的家教故事

因为一个偶然的机会，道弥儿做了推销员，这开阔了他的视野，同时在与顾客打交道的过程中，锻炼了交际能力和技巧，丰富了销售产品的经验，他还学会了怎样去洞察和分析顾客的心理。仅仅花了两年的时间，道弥儿便用自己的心血和智慧编织了一张庞大的销售网，成为当地最富有的推销员。然而，就在这个时候，他做了一个重大的决定：花了高价买下一家濒临破产的工艺品制造厂，同时拥有 70% 的股份。简单地说，这家工厂成了道弥儿的控股企业，基本上可以按照自己的想法整顿和改革了。

道弥儿先是从生产和销售两个环节实行整顿，在他看来，生产环节方面需要降低成本，提高效率、减少开支。于是，他辞掉了一部分对工厂前景失去信心的员工，而对那些留下的员工，则增加他们的工作量，同时加薪。在销售环节这一块，由于是工艺品，道弥儿摒弃了一些推销办法，改为推销制度，提高产品价格，保持合理的利润，加强销售服务，提高工厂信誉。

有人不解地问道弥儿："为什么总是喜欢买下一些濒临倒闭的企业来经营？"道弥儿回答说："别人经营失败了，接过来就容易找到它失败的原因，只要找出造成失败的缺点和失误，并把它纠正过来，就会得到转机，也就是重新赚钱，这比自己从头干起要省力很多。"

对此，犹太人认为，事业上的失败，主要是因为自己的原因造成的，只有首先改变自己，才能改变这种状况。对于孩子而言，生活中大大小小的逆境，都是磨炼孩子毅力和意志的运动场，对待失败不同的态度，可能会对孩子个性的形成产生截然不同的结果。人总是这样，只有跨过了许多的沟沟坎坎，才能越上一级级的人生台阶，也才能体验"一览众山小"的感觉。作为父母，需要引导孩子从失败中吸取教训。

假如孩子在新年联欢会上表演出错或做算术题全班倒数第一，孩子会说"以后再也不会上台表演了，免得当着那么多小朋友的面出丑""真希望永远不再做算术题了""我只不过事先没有排练或偶尔粗心罢了，下次我好好准备，超过别的小朋友绝对没问题"。孩子的这些面对挫折的心态，并不是与生俱来的，而是在逆境中慢慢形成的。犹太人认为，假如父母能成功地引导孩子认同第三种态度，让孩子保持"我一定能把困难战胜"的热情和信心，就是给孩子一笔巨大的人生财富。

孩子在逆境中失败了，父母经常会有以下错误的做法：

1. 全权包办

许多父母希望给孩子铺一条平坦的路，这是很不现实的，这影响了孩子的交往能力，同时不利于孩子良好意志品质的形成，还会造成孩子长大后难以适应社会生活，容易产生自卑、抑郁等不良心理。孩子一旦在交往中遭遇挫折，父母不要认为孩子受了很大的委屈，急于帮忙解决困难，而应该给孩子锻炼的机会，让孩子在经受挫折、克服困难的过程中不断提高交往能力。

2. 避免嘲笑孩子

孩子缺乏社交经验，在交往中容易遭遇挫折，这是难以避免的。父母不应该嘲笑孩子，或者责怪孩子的错误。父母应该注意培养孩子胜不骄、败不馁的品质，在克服困难方面给孩子树立良好的榜样。

3. 过度的挫折教育

父母给予孩子的挫折教育要注意适度和适量，为孩子设置的情境需要有一定的难度，能造成孩子的挫折感，但是又不能太难，应是孩子通过努力可以克服的。同时，让孩子面临的难题不应该太多，适度和适量的挫折可以让孩子调整心态，正确地选择外部行为，克服困难。过度的挫折教育会挫伤孩子的自信心和积极性，让孩子丧失兴趣和信心。

家教启示

犹太人认为，父母总是容易犯这样的错误，在一些比赛中，孩子由于失败不停哭泣，父母心疼孩子于是安慰道："我们认为你是最好的。"父母认为孩子会因此停止哭泣，结果孩子哭得更厉害了。孩子因为失败而难过的哭泣变成了认为裁判不公平的哭泣，最严重的是孩子想法的转变，孩子会想："我是最好的，老师是不公平的，我再也不要参加了。"这样一来，孩子会更加认为自己没有输，开始抱怨别人的不公平，最后将自己的失败归咎于他人。父母应该正面引导孩子对待失败，并从失败中吸取教训，这样才有助于孩子养成良好心态。

孩子对失败需要有个正解

好东西并不绝对好，它也必定会有一些缺陷；坏东西也并不绝对坏，它也有自身的特殊用途。

——犹太教子智慧

犹太人强调每一件东西都有用处，事物的好坏在于人对其的发掘、转换、变化。在犹太社会，犹太人不仅纪念胜利的日子，同时也纪念败北屈辱的日子。或许我们都对犹太人的这种做法感到不解，甚至还觉得这种行为很可笑。然而，几乎所有的犹太人都相信一个道理：只要记住失败的那一天，就会产生强大的力量。在他们看来，一个人遭受的苦难越多，败北的次数越多，他就会变得越坚强，在过节时吃苦菜和未发酵的面包是为了回味当时的苦难。

犹太人认为，每个人的发展都不是一帆风顺的，有成功就有失败。大多数犹太人对失败持一种容忍、接受的态度。在他们看来，假如一个人忘记了失败的枯涩，而只是沉湎于成功的甜美，总有一天会再次尝到失败的滋味。因为成功会让人产生骄傲自满的情绪，让人松懈；失败却能催人不断奋进。

讲给孩子的家教故事

天气炎热的一天，一个农夫弯着腰在院子里锄草，他累得满头大汗，于是忍不住抱怨：“讨厌的杂草，如果没有它们，我的院子一定很漂亮，神为什么要造这些可恶的杂草来影响我的院子的美丽呢？”

这时正有一棵被拔起的小草躺在院子里，它平静地对农夫说：“你认为我可恶，也许你根本就没有想过，我们的作用是非常大的。现在，让我来跟你说一下吧，我们将根伸进泥土中，等于在耕耘泥土，当你把我们拔掉的时候，泥土就已经是耕过的了。另外，在下雨的时候，我们能够防止泥土被雨水冲刷；

在干涸的时候，我们能阻止强风把泥沙吹起来，我们是替你守卫院子的卫兵，假如没有我们，你根本不可能享受种花、赏花的乐趣，因为狂风会吹散泥土，雨水会冲走泥土，因此希望你在看到花儿盛开的时候，能够想起我们给你带来的好处。”

听到杂草的这些话，农夫不禁对这些小草产生了敬佩之情。

犹太人认为，人既有坚强的一面，也有脆弱的一面。但是，在人的脆弱的一面之中，往往包含了很多有用的因素，逆境和顺境，失败和胜利也是这样。在现实生活中，每个人都能有所作为，关键在于自己是否努力。

人生漫漫长路，似乎没有尽头，总是有一些挫折和困难在等着孩子们，本来灿烂的天空总是会飘来朵朵阴云。童年时期，对于每一个孩子来说都是美好的，是快乐的，也是绚丽多彩的，更是充满了困惑和矛盾冲突。处于这个阶段的孩子，生理发育逐渐成熟，但心理上的成长却落后了，形成一个尴尬的局面。其实，命运对每一个人来说都是很公平的，没有谁可以一帆风顺，总会碰到这样或那样的挫折，有的人在挫折面前选择了逃避，有的人则选择了勇敢面对，这其实也是失败者与成功者的区别所在。

那么在培养孩子受挫能力方面，犹太父母是怎么做的呢？

1. 引导孩子认识自己

犹太父母认为，对孩子而言，他们的压力莫过于来自父母望子成龙、望女成凤的急切心理；莫过于学习分数的高低，学习成绩的好坏；莫过于与同学之间的争吵；莫过于老师严厉的批评。对于在家中受宠的孩子是如何承受这样的压力的？

对此，父母需要引导孩子正确认识自我，了解自己的优点、缺点、爱好、性格、习惯等，学会自我调控、自我反思，找出与别人的差距。他们只有了解自我、认识自我之后，才会不断地完善自我。有的孩子本身缺乏自信心，导致他们产生自卑感，严重地影响着他们的身心活动和学习能力，使得原有的聪明才智发挥不出来。对于这样的孩子，父母要帮助他们认识自我，面对现实，以清醒的头脑、良好的心态调节自我。让孩子进行自我暗示：相信自己，我并不比别人笨，别人能做到的事情，我也能做到。

2. 引导孩子进行反思

犹太人认为，在家庭教育中，父母有时难免会伤害到孩子，在这种情形下，假如孩子没有健康的思想和承受能力，就不能正确面对，尤其是那些性格内向的孩子，他们不善言辞，就容易造成不良的后果。对于这样的孩子，父母需要多开导，鼓励孩子自我检查，让他们了解自己的不足，认识自我做一个身心健康的人。

3. 引导孩子积极面对打击

犹太人认为，人生的致命点就是经受不了挫折的打击，有的人遇到一丁点儿麻烦，遇到一点儿小挫折，就不能正确地对待。在这方面，父母需要引导孩子积极面对，当自己受到打击以后，保持清醒的头脑，多找找原因，假如是自己造成的，就要勇于承担责任。父母要告诉孩子：人无完人，孰能无过。有则改之，无则加勉，知错能改，才是好孩子。

4. 引导孩子积极沟通

犹太人认为，交流和沟通会化解矛盾，交流和沟通会让人感到愉悦，只有那些善于交流的人，才是真正健康的人。而有的孩子性格内向，不善于表达和沟通，受到打击，就闷在心里，关在屋里，不愿意见人。长此以往，思想压力很大，身心无法放松。对于这样的孩子，父母要告诉他，要做一个性格开朗的人，心中有什么不愉快的事情就找朋友倾诉，可以对信任的人说一说，在交流中对方会帮助你解决问题、排除困惑，学会交流、沟通，争取别人的支持、帮助。

家教启示

在犹太人看来，失败并不可怕，只要自强不息，失败将是一次难得的契机。持一种正确健康的态度，不盯着过去的错误，而将眼光放长远，即使遭受失败，也不要灰心，也要坚韧不拔，矢志不移。

第05章

犹太人的德行教育课：德行是孩子立身处世的根本

一个人能够赢得很大的成就，在很大程度上取决于一个人的高尚品格。犹太父母除了教育孩子热爱知识，拥有智慧以外，还给孩子们讲品德的重要性，鼓励孩子从小就做一个品德高尚的人。事实上，所有取得巨大成就的人都具有高尚的道德情怀。

让孩子学会主动帮助人

得到他人的关爱是一种幸福，关爱他人更是一种幸福。

——犹太教子智慧

犹太人认为，应该让孩子树立这样一种观念，即理解他人、想及他人、关心他人。告诉孩子给予他人关心的时候，温暖了对方，同时也将会温暖自己。因为被人关心是一种美好的享受，而关心他人也是一种高尚美好的品德。人的本质就是爱的相互存在，我们的生活是与他人的相互交往而构成的。告诉孩子：学会关心他人，就是要求我们善于理解他人，需要随时准备去支持他人，并从行动上去关心他人。得到他人的关心是一种幸福，关心他人更是一种幸福，正如歌曲中所唱“只要人人都献出一点爱，世界将变成美好的人间”。

讲给孩子的家教故事一

12岁的李斯特在维也纳举办了一次成功的演奏会，演出结束之后，音乐大师贝多芬走下台，把李斯特搂在怀里，在他的额头上吻了一下。顿时，李斯特像得到了宝贝似的，激动得快要昏过去了，他难以忘怀这一刻。后来，李斯特成了著名的音乐家，在其漫长的教学生涯中，对于那些学生，他总是以贝多芬的方式——亲吻额头来作为奖励，并对他的学生说：“好好照料这一吻，它来自贝多芬。”他曾这样说：“我们应该继承贝多芬传给我们的东西，把它继续发展下去。”直到今天，我们依然在传递“贝多芬之吻”，这是因为有太多的人需要被关心。

犹太人认为，孩子需要从小学会关心他人，因为关心他人是一个人的最基本素质，因此父母的教育至关重要。我们应该明白，一个冷漠自私的人没有人愿意跟他交朋友，他也无法获得他人的关心和爱护，更无法为这个社会分担什么。然而，很多孩子在生活条件越来越好的今天，常常表现出任性、霸道和自私的个性，这已经成为孩子们普遍的问题。

讲给孩子的家教故事二

古代有两位农夫兄弟，他们一起耕种着一块土地，一起播种、照料，等待着粮食丰收。秋天到了，粮食获得了大丰收，兄弟俩各自分取了一半儿。当时，哥哥已经成婚，而且有了孩子，而弟弟还没有成家。

有一天晚上，弟弟心想：哥哥已经结婚了，还有孩子，家庭负担比我重，我应该多接济哥哥一些粮食。于是，他起身就把自己的一些粮食挪到了哥哥的仓库里。然而，在同一个晚上，哥哥也在想：我已经有了一个家，现在有媳妇关心我，将来还有孩子照顾我，可弟弟还是单身，他应该为今后多存一些粮食。于是，他也起床把一些粮食挪到了弟弟的仓库里。第二天早上，兄弟俩同时发现，自己的粮食都没有减少，彼此感到很奇怪。到了第二天晚上，他们又把各自的部分粮食挪到了对方的仓库里。到了第三天晚上，他们照样这样做了。就在第四天晚上，他们在挪粮食的时候恰巧碰面了，这时候他们才发现，彼此在对方的心中是多么重要，关爱之情是多么深沉。

犹太母亲说：关心他人其实就是关心自己。父母是孩子接触最早、最多的亲人，父母在生活中不仅要对孩子进行关心品质的教育，还需要做好榜样。让孩子们互相学习、互相促进。主动帮助别人是一个高素质人必备的重要品质，人的本质就是爱的互相存在，每个人的生活都是与他人的相互交往所构成的。主动帮助别人，就是要求我们善于理解别人的处境、别人的情感和需要，并且随时准备去帮助别人，从行动上去关心别人，与他人建立和谐友好的人际关系。

聪明的犹太父母是如何培养孩子帮助他人的呢？

1. 让孩子成为家里的“小帮手”

犹太父母认为，有必要让孩子干家务。一位妈妈的手受伤了，无法干家务活，而且爸爸又外出了，这时候，孩子按照妈妈的吩咐自己做了稀饭，并且在饭后主动刷碗，受到了妈妈的称赞。其实，一些简单的家务活是难不倒孩子的，但父母不要强迫孩子去做，而应循循善诱，激发孩子的同情心，让孩子主动帮忙，做父母的“小帮手”，适时给予孩子赞赏，这样孩子会认识到帮助别人的重要性，自己也从中体会到了快乐。

2. 营造温馨的家庭环境

犹太父母认为，如果孩子长期生活在一个温馨的家庭里，他总是喜欢乐于助人，更愿意为他人着想，也更容易同情别人。因而，父母要为孩子积极营造温馨的家庭环境，经常鼓励孩子主动帮助别人，在这样的心情状态下，孩子是很容易主动去帮助别人的，因为他的心里充满了爱。

3. 父母以身作则

犹太父母认为，要想教会孩子主动去帮助别人，最关键的是父母要以身作则，为孩子树立好榜样。在孩子面前，父母要尽可能地表现出体贴大度，时常主动帮助别人，示范给孩子看，把这样的观念渗透在言行中。如果父母只是教育孩子帮助别人，自己却言行不一致，那么孩子就会效仿你的行为，言教也就失去了效果。

4. 鼓励孩子去完成一些任务

犹太人认为，父母可以多让孩子参加公益活动，比如植树、除草，同时，鼓励孩子主动帮助邻居取牛奶、拿报纸，让孩子从中感受到乐趣。父母还可以鼓励孩子去做一些有益的事情，比如照顾小妹妹，或者帮助小弟弟制作玩具，这可以培养孩子主动帮助他人的品质。当然，有时候孩子并不是自发地去做这些事情，父母就需要鼓励他们，甚至需要温和地强制他们，不断地鼓励孩子去完成一些任务。

家教启示

培养孩子从小就学会主动帮助别人的良好习惯，这对孩子未来具有高尚的品质，以及健全人格产生极其重大的影响。被誉为最聪明的犹太人，他们就非常崇尚帮助别人的美德，而那些犹太孩子也从小就被灌输主动帮助别人的思想。

让孩子感受分享的快乐

好咖啡要和朋友一起品尝，好机会也要和朋友一起分享。

——犹太教子智慧

犹太父母认为，孩子从小就应该学会如何与人分享。不过，在现实生活中，许多孩子都有这样的特点：表现得非常霸道，独占欲很强，喜欢一个人玩，在游戏中经常把许多玩具放在自己的周围，并常常对那些企图玩自己玩具的小朋友说“这些玩具都是我的！你不能玩！”这样的孩子不懂得与他人分享，自然就体会不到分享的快乐。其实，之所以存在这种普遍现象，大多数都与家庭环境和家庭教育有着极为密切的关系。现在绝大多数孩子都是独生子女，因而他们是家庭的“中心人物”，父母以孩子为中心，独生子女缺乏与伙伴分享交往等是造成孩子“霸道”、不会分享的根源。作为父母，只有从这些根源出发，对症下药，才能让孩子体会到分享的甜头，继而学会分享。

讲给孩子的家教故事

犹太孩子都知道，多克是一个喜欢分享的快乐家伙。

在第二次世界大战期间，多克是野战医院协助医院做救死扶伤工作的志愿者。战争给士兵带来了痛苦与烦闷，面对着医院里阴沉的气氛，为了帮助伤员驱走心中的阴云，给予伤员战胜痛苦的力量，多克在医院的墙上写了一句话：“没有人会在这里死去。”他的行为引起了人们的注意，大家都看到了这样一句话，同时，也都记住了这句话，伤员们为了不让这句话落空而坚强地活着，众多医护人员对伤员也给予精心的照顾，大家对战胜死神充满了信心。多克的那句话给大家带来了好心情，带来了战胜痛苦的力量，最后，伤员们都康复出院，重返战场。

“二战”结束后，多克成为一名邮差，他坚信自己除了给人们带去邮件之外，还能够给人们传递快乐。因此，在送邮件的路上，他总是带着许多纸条，上面写着鼓励的话语，如“别烦恼，今天是个不错的日子”“笑口常开”等。他所到之处，都给人们带去了快乐。

多克将自己的快乐分享给他人，成为那个传递快乐的人。在生活中，人们都希望自己的生活充满快乐，但快乐却未必常常光顾我们。父母应该引导孩子不仅要善于发现快乐，更要把快乐传递给他人。当然，要想带给他人快乐，孩子自己首先要快乐，如果自己都不快乐，还有什么资格为别人传递快乐呢？

1. 不娇不溺，家人共享

犹太人认为，父母不要溺爱孩子，让孩子吃独食，这样娇惯的孩子是不懂得与他人分享的。有的父母出于对孩子的爱，就把一些好吃的好玩的全让给孩子，即使孩子想到与父母分享，父母也会推辞，让孩子一个人独享。时间长了，就强化了孩子的独享意识，孩子理所当然地就把那些好吃的好玩的据为己有。所以，父母不要娇惯和溺爱孩子，也不要以孩子为中心，甚至无限制、无条件地满足孩子的任何需求，而是让孩子们学会感恩，学会与别人分享，让孩子体会到分享的甜头。

2. 不要对孩子特殊化

在犹太家庭中，父母会形成一种“公平”的态度，这对防止孩子滋长“独享”意识有积极的意义。父母教导孩子既要看到自己也要想到别人，懂得人与人之间相处是建立在平等的基础之上的。让孩子明白好东西应该与大家一起分享，不能只顾自己而不顾别人。

3. 让孩子在分享中获得互利

犹太父母认为，许多孩子之所以不愿意与别人分享，是因为他们觉得与他人分享了就意味着失去，这时候，父母应该理解孩子这种不愿意失去的心情，慢慢引导，让孩子明白分享并不是失去而是一种互利，分享体现了自己的大度与关怀，自己与别人分享了，别人也会回报自己的大度与关怀，这样在分享中能够获得一种快乐。一旦孩子在分享中获得了互利与快乐，他就会乐于与别人分享自己的东西。

4. 鼓励孩子学会与他人分享

犹太人认为，父母可以积极创造机会让孩子与其他小朋友一起玩，让孩子在与同龄孩子游戏中变得大方，交给孩子与人交往的技巧，帮助孩子养成关爱他人、谦让友好的行为习惯。另外，父母还要鼓励孩子与他人分享，当孩子做出分享的行为时，父母应该给予及时的鼓励和赞赏，让孩子感受到分享的快乐以及来自父母的肯定与认可。

家教启示

犹太父母认为，如果一个孩子什么都不愿意与他人分享，独占意识很强，他是很难与别人形成良好的人际关系的，这对于孩子今后的发展也是极为不利的。让孩子学会分享，首要任务就是让孩子体会到分享的甜头，让他在与他人分享中获得快乐。久而久之，孩子就学会了主动与他人分享，也就养成了喜欢分享的良好的行为习惯。

为孩子培养一颗感恩的心

每一种恩惠都有一枚倒钩，它将钩住吞食那份恩惠的嘴巴，施恩者想把他拖到哪里就拖到哪里。

——犹太教子智慧

犹太人认为，教育孩子的根本目的是让孩子怀着一颗感恩的心生活，怀着感激的心情去学习，感恩成为他学习的动力，因而他的心里充满了爱和温暖，自己也变得人见人爱。对于正在成长路上的孩子来说，他需要一颗感恩的心，父母不要让孩子认为什么都是别人应该做的，而是教育孩子理解父母或理解他人，以一种感恩的心态来面对父母，对待他人。这时候，父母就犹如孩子的一面镜子，自身应该在孩子面前树立好榜样。

讲给孩子的家教故事

有一次，当林德和一个朋友在散步的时候，她看见了一个老妇人正摇摇晃晃地走进了一所救济院的大门。看着老妇人蹒跚的脚步，她的同情心突然之间被激发了，她想帮助这个老妇人。于是，她也走进了那扇大门，并假装要在那里休息一会儿。

然而，出人意料的事情发生了。林德与老妇人开始闲聊起来，那位老妇人随即和她谈起了自己所仰慕的詹妮·林德，老妇人说：“我已经在世上活了很长很长的时间了，在我死之前，我没有别的想法，我特别想听听詹妮·林德的歌声。”詹妮问道：“那会让你感到快乐吗？”老妇人面带微笑：“是啊，但像我这样的穷人是没有办法去音乐厅的，也许，我永远听不到她的歌声了。”詹妮安慰说：“请别那么肯定，请坐，我的朋友，听我唱一首吧！”优美的歌声响了起来，詹妮·林德带着一种真诚的喜悦演唱了自己最拿手的一首歌曲。老妇人听了非常高兴，接着又有一点儿困惑，因为年轻的女孩竟然对她说：“现在，你已经听过詹妮·林德的歌声了。”

如果一个孩子连最起码的感恩都不懂，你会指望他去爱谁呢？现在的孩子大多数是独生子女，从小就在宠爱中长大，他一个人集中了家人的所有关爱。这时候，如果父母不教导孩子学会感恩，那么时间长了，孩子心里就会形成这样一种观点：自己接受多少都是应该的。这样的孩子长大以后，就会表现出缺乏爱心，让人们避之唯恐不及。“感恩教育”的缺失是多方面的，作为家庭教育的施行者也有一定的责任，现在的父母过多地注重孩子的学习，而忽视对孩子心理品质的养成，孩子就会因为纵容而变得越来越任性。

犹太人十分懂得感恩，他们的父母从小是如何教育孩子的呢？

1. 凡事不能包办代替

犹太人认为，随着孩子年龄的增长，他学会了做很多事情，也可以独立地完成一些事情，这本来是一种很好的习惯。一旦父母对孩子保护太多，干预孩子太多，为孩子打理了一切事务，那么孩子就会渐渐习惯父母的包办代替，甚至认为父母这样做是理所当然的。时间长了，孩子就很难再感谢父母为自己所做的一切了。所以，对于孩子父母不要事事包办代替，不要为孩子打理一切事务，学会让孩子独立去做一些事情，一方面锻炼了他的独立生活能力，另一方面又教导孩子学会感恩。

2. 不要有求必应，更不要无求先应

面对孩子提出的要求，父母应该首先考虑是否合理，如果是不合理的就要坚决地拒绝，并告诉孩子哪里不合理，不要对孩子有求必应，而应该让孩子自己去争取想要的东西。当孩子通过努力获得自己想要的东西时，他就懂得了珍惜，也明白了自己的生活是幸福的。有的父母给孩子提供很丰富的物质条件，久而久之，孩子会觉得这一切来得太容易了，甚至认为他本来就应该拥有这些，并不懂得珍惜。

3. 父母的榜样作用很重要

犹太人认为，身教的力量远远大于言教，父母在面对自己的父母时，要表现出尊敬和孝顺，感谢父辈的养育之恩。家里有好吃的要先给老人吃，逢年过节要给老人送礼物，如果老人离得比较远，还要经常打电话。这时候，不仅仅让孩子看到父母对自己有爱，对长辈同样有爱，也经常告诉孩子，要关心和孝顺长辈，孩子虽然还小，但长期的耳濡目染，也会在他那幼小的心灵里播下感恩的种子。

4. 不要向孩子吐露自己的苦恼

许多父母常常会在孩子面前说："爸爸妈妈这么辛苦都是为了你啊！"这从表面上看是希望通过诉苦的方式来强化父母付出比较多，其实恰恰相反，这容易给孩子造成心理负担，它暗示了"我为你付出这么多，你要偿还"，这种教育方法下的孩子只会用"形式对形式"来感恩。所以，父母在对孩子进行"感恩教育"的时候，要适当地谈论自己的苦恼，而不是过多地谈论，否则就会使"感恩"变了味道。

家教启示

犹太人认为，爱心的力量是最伟大的，爱心的力量又是最神奇的，爱心是人间最美好的情感，谁拥有并付出了它，谁将会拥有一个最美的世界。爱心需要从我们身边的小事做起，时刻关怀着我们身边的人，那样我们将受到人们的崇敬和赞美，而这种赞美则是由爱心所带来的。

勇敢担负自己该负的责任

一个人能够承担多大的责任，就能取得多大的成功。

——犹太教子智慧

丘吉尔曾这样说过："伟大的代价，即是责任。"这句话一次又一次被那些为人类幸福而奋斗的人所证实，而犹太人则认为，不懂得负责，不懂得责任重要性的孩子永远长不大。而凡事作出一番成就的人，都懂得为自己的过失埋单并且敢于承担责任。所以，父母应该努力把孩子培养成一个负责任的人。当孩子能够主动地、自觉地尽职尽责时，就会获得满意的情感体验；相反，当孩子没有责任心，不能尽责时，就会产生负疚和不安的情绪。

讲给孩子的家教故事

你知道里根小时候的故事吗？犹太母亲就要开始讲了。

1920年，一个11岁的美国小男孩在院子里踢足球的时候，不小心打碎了邻居家的玻璃。对方很生气，当即索赔12.5美元，在当时，12.5美元可以买125只生蛋的母鸡了。事后男孩主动向父亲认错，恳求父母帮助自己解决问题。然而，父亲却拒绝了这一请求，他对小男孩说："你是一个男子汉，自己做错的事情要自己负责。"男孩小声地说："可是，我现在没有那么多钱。"父亲说："这笔钱我可以先借给你，但是一年之后你要还给我。"男孩答应了父亲的要求。

从此以后，每逢周末、假日，男孩子便外出打工，他做了许多工作，包括洗车、擦玻璃、漆房子等。他不辞辛劳地忙碌着，希望自己尽快攒够这笔钱还给父亲。就这样，经过了半年的努力，他终于赚足了12.5美元，还给了父亲。这个男孩子就是后来的美国总统罗纳德·威尔逊·里根，当他回忆这件事情的时候，他这样说道：

“通过自己的劳动来承担过失，使我懂得了什么叫责任。”

父亲之所以这样做，就是为了让里根明白一定要对自己的过失负责，做一个有责任心的人，这样才能真正地成为一个男子汉。责任心是指个人对自己和他人、对家庭和集体、对国家和社会所负责任的认识、情感和信念，以及与之相应的遵守规范、承担责任和履行义务的自觉态度。责任心是一个人应该具备的基本素养，是健全人格的基础。对于孩子来说，责任心是个人价值实现的基础，所以，父母培养孩子的责任心，是对孩子的未来发展负责。

1. 让孩子学会对自己负责

犹太人认为，一个人只有懂得尊重自己的感情，尊重自己的理想，珍惜自己的年华和生命的活力，才能合理安排现实生活。责任心的培养是一个人成熟的标志，父母应该让孩子明白，无论孩子做什么事情，都是为他们自己，如果他们什么也做不好，得不到大家对自己的认可，那么，他们就是对自己不负责任，最终，影响的还是他们自己。比如，孩子的主要任务是学习，假如学习不够认真，那就是对自己不负责任。此外，父母需要告诉孩子，对自己负责还包括对自己的事情负责，凡是能够自己做的事情都要自己去做，包括穿衣、洗脸等，孩子只有从小养成对自己的事情负责的良好习惯，长大后才有可能慢慢学会对父母、朋友、老师等有关的人和事负责。

2. 引导孩子学会善待他人

在犹太人看来，关心他人、善待他人是培养孩子对家庭和社会负责的基础。在日常生活中，引导孩子关心老人、病人和比自己小的孩子；当爷爷奶奶生病的时候，引导他们学会照顾老人；熟记朋友的生日，并在生日那天给朋友送上一份生日礼物。

3. 让孩子学会反省

犹太父母认为，孩子需要适时反省。当孩子们在分析问题的时候，只会考虑到别人的过错，总是为自己找借口，这有可能会导致他们缺乏责任心。遇到困难不能解决，而是把责任推到父母身上；学习成绩不好，就把责任推到老师身上。这些都是不良的行为习惯，父母需要告诉孩子：做错一件事情，我们首先应该反省自己，分析自己的过失、对错，并从中知道应该负什么样的责任。

家教启示

犹太父母认为，责任心是健全人格的基础，是未来能力发展的催化剂，更是孩子们成长所必需的一种营养，它能够帮助孩子成长和独立。懂得自己的责任，学会负责，孩子才有前进的动力；只有认识到自己的责任，孩子才能知道应该做什么以及怎么去做。

懂礼貌是对他人的尊重

礼貌经常可以代替最高贵的感情。

——犹太教子智慧

犹太人认为，礼貌是指人与人之间和谐相处的意念和行为，是言谈举止对他人尊重与友好的体现。文明礼貌是一种品质，我们只有具备了这种优秀的品德，才能创建出一个文明的社会。礼貌是拉近自己和他人关系的一座桥梁，懂礼貌的孩子容易被别人接受，人见人爱。懂礼貌是现代人的一个重要标志，它是一个人的基本素养，无论是在家庭、学校、社会还是团体，孩子需要展现给他人的首先是文明礼貌方面的素养，这将直接体现其本人的修养。

现在，我们经常会看到一些孩子在一些公共场合旁若无人地大声喧哗、随手乱扔垃圾、买东西也不排队。许多人见了就会责怪说：“这孩子不懂礼貌。”其实，培养孩子的文明礼貌意识的责任，主要来源于父母。俗话说：“三代出一个贵族。”这就说明高雅的气质、文明的举止是需要从小塑造的，并且这是一个家庭重要的责任。父母不要忽视了对孩子进行文明礼貌的教育，而应该把这项任务作为重中之重。

讲给孩子的家教故事

一个富有的犹太人赶路时，一个穷人向他乞讨一些过安息日的食物，但是富人冷漠地拒绝了，他甚至认为穷人耽误了他走路的时间。回到家后，他用很轻蔑的语气把这件事告诉了妻子，妻子训斥了他。原来，妻子小的时候家里比较穷，她始终记得父亲当时为了乞讨安息日的食物，受了多少苦。这个犹太人被妻子训斥后，反省自己做得确实过分了，于是就返回去找那个穷人，并且给他买了过安息日的食物。“不要耻笑别人”很早以前就被写入犹太人的经典里。

礼貌也是一种对他人的尊重，犹太人认为尊重他人的力量非常强大，人与人之间最重要的就是尊重，人与人都是平等的，没有贫富之分，没有高低贵贱之别。犹太人认为耻笑他人是不礼貌的，只有尊重别人的人才会得到别人的尊重。

对于父母而言，如何培养出一个懂礼貌的孩子呢？

1. 教会孩子说礼貌用语

父母要教会孩子说“请”“谢谢”“对不起”“没关系”等礼貌用语，当然，这需要父母以身作则，对人对事都要说礼貌用语，给孩子树立好榜样，让孩子在耳濡目染中学会文明用语。父母要教育孩子无论碰到什么人，都要学会主动与别人打招呼，这样就会受人欢迎。

2. 教导孩子邻里和睦相处

犹太父母要求孩子进出家门见了邻居要主动打招呼，如果在院子里、楼道里碰到了邻居，不要抢道，主动让别人先走。如果孩子要去隔壁家找小朋友玩，也需要先敲门，得到允许之后才能进入。平时，父母也要叮嘱孩子不在家里蹦跳、跑步、拍球、敲打地板，也不要影响楼下邻居的休息，让孩子懂得与邻里文明和睦相处。

3. 教导孩子尊重长辈

犹太人教育孩子遇见长辈要主动问好，见了老师要行礼，对长辈和老师要用敬称“您”。如果爷爷奶奶等长辈来家里做客，要先请长辈坐，给孩子树立好榜样。长辈离开的时候，提醒孩子说“再见”或者挥手表示告别。

4. 教导孩子与小伙伴友好相处

犹太父母总是告诉孩子与小伙伴玩耍的时候，要互相谦让，不要抢别人的玩具，也不要随意发脾气，更不能打人骂人。对身边的朋友或者同学也要有礼貌，如果看中了朋友的玩具，需要友好礼貌地找对方商量，得到对方的允许之后才能玩。如果在游戏中误伤了小伙伴，要说“对不起”，向对方承认自己的错误，取得对方的原谅。

家教启示

许多孩子都是独生子，这很容易形成以孩子为中心，长幼父子不分，该有的礼貌规矩也没有了，这也很容易让孩子无礼的不良习惯。犹太人认为，父母是孩子的第一位老师，教导孩子学礼仪、懂礼貌，这是责无旁贷的。父母要想自己的孩子成为文质彬彬、举止大方高雅的人，那么就要从小有意识地训练他们。告诉孩子什么是好的行为，什么是不好的行为，提醒孩子什么应该做，什么不该做，用爱心塑造孩子言行举止的每个细节方面。培养孩子文明的习惯，会让孩子受用一生。

任何时候都不要狂妄自大

自满、自高自大和轻信，是人生的三大暗礁。

——犹太教子智慧

犹太人认为，谦虚是一种优秀的品质，一个人的生命是有限的，但知识却是无限的，再勤奋的人也不可能把所有的知识都学完，因为任何一个人都不可能拒绝学习。因此，在知识面前一定要谦虚，凡事取得成功的人，他们在一生中总是谦虚地学习，不断地提高自己。我们处在一个优越的环境中，取得了一点成绩就很容易骄傲，然而，今天取得的成绩并不代表明天成绩优秀，一个优秀的孩子应该是全面发展的孩子。孩子的身心都处于发展的时期，许多品质还没有得到固定，这很容易使孩子们走进骄傲自负的误区。所以，作为父母，需要帮助孩子克制自满的情绪，让孩子变得谦和。

讲给孩子的家教故事

富兰克林 8 岁时入学，虽然他成绩优异，但因父亲的收入无法负担他的学费，他 10 岁时就离开了学校，回到家里帮父亲做蜡烛。12 岁时，他在一家小印刷厂当学徒，但后来不满厂里的严格管理就私自离开了，去费城当了一名印刷工。在那里，富兰克林组织了一个“皮围裙俱乐部”，这是一个读书交友会。闲暇之余，一些年轻人就在这里交流读书的乐趣、理想和个人发展计划，由于大多数工友并没有多少知识，而富兰克林曾在印刷厂掌握了一些知识，他不禁有点飘飘然，常常在工友面前夸夸其谈，显示自己很有学问，甚至有些瞧不起其他工友，这令许多人看他不顺眼，不愿意跟他来往。

有一次，一个工友把富兰克林叫到一边，大声对他说：“富兰克林，像你这样是不行的！凡事别人与你意见不同的时候，你总是表现出一副强硬而自以为是的样子，你这种态度令人难以接受，以致别人懒得再听你的意见了。你的朋友们都认为不与你在一起时比较自在，你好像无所不知、无所不晓，别人对你无话可讲了，他们都懒得和你谈话，长此以往，对你根本没有好处，你从别人那里根本学不到一点东西，但是实际上你现在所知道的很有限。”富兰克林听了工友的斥责，讪讪地说道：“我很惭愧，不过，我也很想有所长进。”“那么，你现在要明白的第一件事就是，你已经太蠢了，现在还是太蠢了！”这个工友说完就离开了。

这番话让富兰克林受到了打击，他猛然醒悟过来，意识到自己不应该再骄傲下去了，应该做一个谦虚的人，他提醒自己：“要马上行动起来！”后来，他逐渐克服了骄傲、自负的毛病，经过奋斗成为著名的科学家、政治家和文学家。

富兰克林因为骄傲而使朋友疏远了，在朋友的好心劝告下，他醒悟了，逐渐克服了自己的缺点，变得谦虚而真诚。犹太父母认为，骄傲会让孩子夸大自己的优点，不去正视自己身上的问题，甚至容易把别人看得一无是处，这样的孩子听不进别人善意的批评，总是有种盲目的优越感，从而放松了对自己的要求，渐渐地，他就变得不那么优秀了。因此，父母可以有意识地制造一些困难让孩子去克服，让孩子认识到做好并不容易，人生之路并不平坦，从而促使孩子虚心学习，不断进步。

1. 让孩子看到自己的缺点

犹太父母认为，孩子从小就被父母夸奖，受到许多人的关注，处于一个受表扬和鼓励的环境中，变得更加自信。但是，在夸奖中、赞美中，孩子们只看到自己的优点，却看不到缺点，这对于孩子的成长是极为不利的。所以，父母需要引导孩子比较全面地了解自己，鼓励他们勇于接受批评，看到自己的缺点，虚心接受父母与老师的建议，这样孩子才能全面、健康地发展。

2. 帮助孩子克制自满的情绪

犹太父母认为，孩子还处于学习知识、积累经验的阶段，对于内心滋生的自高自大，他们并不懂得如何去克制。因此，父母应该保持警惕心理，鼓励孩子多读书，让孩子清楚地知道“谦虚使人进步，骄傲使人落后”，鼓励他们做一个谦虚的孩子。

3. 引导孩子找到自己的榜样

但凡成功人士都非常谦虚，父母可以用名人的事例来激励孩子学会谦虚。当孩子有了自己崇拜的成功人士，并且了解他们成功的经历，就会逐渐养成谦虚的好品质。父母要让孩子明白只有谦虚的人才会不断地提高自己，从而取得更大的成就。

家教启示

犹太父母认为，从小就要培养孩子谦虚的品质，当他们在学习上取得优异的成绩时，帮助他们克服骄傲自满的情绪，让孩子保持一颗平常心，不要沾沾自喜，自以为是。告诉孩子：如果自己获得了一点成功便觉得很了不起，这是很危险的。优秀的孩子更需要虚心接受老师与父母的教诲，需要倾听朋友的建议，这样才有可能走向成功。

第06章

犹太人的自立教育课：让孩子遇事首先想到靠自己

犹太人十分推崇个人的独立精神，在他们看来，独立精神是一个人拥有一切优秀品质的基础。因此，在犹太人的家庭教育中，培养孩子的独立精神是重中之重。犹太父母总是告诉孩子：遇到事情首先想到靠自己。

孩子，最可靠的永远是你自己

人多不足以依赖，要生存只有靠自己。

——犹太教子智慧

犹太民族长时间被奴役、受歧视、遭迫害、被迫流亡异乡，过着寄人篱下的生活，或许正是这样的经历才使得他们人才辈出。早在公元14、15世纪时，犹太人被送到隔离区生活，同时身上还要佩戴一个黄色的标记用来区别，可以说他们随时处于歧视、伤害和危险之中。正是因为这种经历，让犹太人知道一个道理：要生存只有靠自己。在犹太民族，孩子很小的时候，父母就对孩子们进行独立性格的培养。

讲给孩子的家教故事

林肯总统有一个异姓兄弟名叫詹斯顿，他曾经是一个游手好闲、好吃懒做的人，经常写信向林肯借钱，林肯想了很多办法来教育他，下面是林肯写给詹斯顿的一封信：

亲爱的詹斯顿：

我想我现在不能答应你借钱的要求。每次我给你一点帮助，你就对我说："我们现在可以相处得很好了。"但过不多久我发现你又没钱用了。你之所以这样，是因为你的行为上有缺点。这个却似在暗示什么，我想你是知道的。你不懒，但你毕竟是一个游手好闲的人。我怀疑自从上次点到你后你是不是好好地劳动过一整天。你并不完全讨厌劳动，但你不肯多做，这仅仅是因为你觉得从劳动中得不到什么东西。

这种无所事事浪费时间的喜欢正是整个困难之所在。这对你是有害的，对你的孩子们也是不利的。你必须改掉这个习惯。以后他们还有更长的生活道路，养成良好习惯对它们更重要。他们从一开始就保持勤劳，这要比他们从懒惰习惯中改正过来容易。

现在，你的生活需要用钱，我的建议是，你应该去劳动，全力以赴地用劳动赚取报酬。

让父亲和孩子们照管你家里的事情——备种、耕作。你去做事，尽可能地多挣些钱，或者还清你欠的债。为了保证你劳动有一个合理的优厚报酬，我答应从今天起到明年 5 月 1 日，你用自己的劳动每挣一元钱或抵消一元钱的债务，我愿另外给你一元。

这样，如果你每月做工挣 10 元，就可以从我这儿再得到 10 元，那么你做工一个月就净挣 20 元了。你可以明白，我并不是要你到圣路易斯市的加利福尼亚的铅矿、金矿去，而是要你就在家乡卡斯镇附近做你能找到的有最优厚待遇的工作。

如果你愿意这样做，不久你就会还清债务，而且你会养成一个不再负债的好习惯，这岂不是更好？反之，如果我现在帮你还清了债务，你明年又会照旧背上一大笔债。你说你几乎可以为七八十元钱放弃你在天堂里的位置，那么你把你天堂里位置看得太不值钱了，因为我相信如果我把钱借给你，你就拿地抵押给我，如果你还不了钱，就把土地的所有权交给我——简直是胡说！如果你现在有土地还活不下去，你没有土地又怎么过活呢？你一直对我很好，我也并不想对你刻薄。相反，如果你接受我的忠告，你会发现它对你比 10 个 80 元还有价值。

你的哥哥

林肯

1848 年 12 月 24 日

犹太人认为，我们虽然可以靠父母和亲戚的庇护而成长，因爱人而得到幸福，但是不管怎么样，人生归根结底还是要靠自己。犹太父母总是告诉孩子：一个人要想成就大事，从心底里感受到生命的充实，那就必须靠自己。所有的事实都证明："一切靠自己"是最明智的人生理念。

在孩子成长的路上，其成就动机是促使孩子们成功的原动力。作为父母，一定要注意培养呵护孩子的成就动机，通常情况下，那些成就动机高的孩子，在生活中往往有独立的见解，能够抵制不可靠的意见，做事情很容易成功。而且，在做事情的过程中，孩子们总是尽自己最大的努力，克服一切困难，将自己的潜能发挥到极致。相反，那些成就动机低的孩子，他们总感觉信心不足，认为自己不行，而在设置目标的时候，他们又设置一些不切合实际的目标，结果因不付出努力，导致一次次失败。

当然，孩子的成就动机是可以在日常生活中培养的，最关键的一点，就是父母一定要让孩子学会依靠自己，让自己知道不论做什么事情，都必须依靠自己的力量，这样才能克服困难，把事情做好，从而增强其成就动机。

1. 告诉孩子：永远相信你自己

犹太人教育孩子的方式是十分特别的，他们在孩子面前挖一个坑，然后叫孩子往前快跑，假如孩子乖乖地掉进坑里，一定会遭到严厉的责备：“在这个世界上，不要相信任何人，只能相信你自己。”在平时的生活中，假如孩子摔倒了，他们不会像中国的孩子那样哭闹不止，而是自己爬起来，因为他们知道，哭闹是没用的，谁也没时间管自己。

2. 不要抱怨孩子太较真儿

当孩子靠自己努力去做某件事情的时候，父母却觉得孩子不用这样认真。假如父母从一开始就不主张孩子做到最好，那孩子一生可能也不会认为自己就是最好的。假如孩子从小就不能仔细分辨态度与行为的差异，那他也不可能严肃地对待以后的学习和生活。

犹太父母认为，父母需要正确对待孩子的成就动机，假如孩子天生爱较真儿，每件事都想做到最好，父母就应该想办法去呵护孩子的成就动机；假如孩子不好强，凡事都顺其自然，父母则需要花时间去培养孩子的成就动机。

3. 激发孩子的成就动机

犹太父母帮助孩子树立能够达到的目标，激发并帮助孩子建立适当的成就动机，让他们明确知识学习，品德修养等追求的目标。当孩子在一次活动中获得成功的时候，他们会感到满足，这时父母教育孩子不能满足现有的成绩，进一步树立各种目标。

4. 相信孩子的能力

犹太人认为，父母要相信孩子的能力，给予他们锻炼的机会，只要孩子能做到，就应该让他们去做。凡是孩子自己想到的，他们就有尝试的愿望，父母要不厌其烦地给孩子机会，允许孩子去做一些他们有信心做好的事情，这样会提高孩子的自信心，有利于他们赢得成功。

家教启示

犹太人认为，父母应该有意识地培养孩子的独立能力以及自立意识。因为对于一个充满朝气的孩子来说，要是觉得自己有能力，一百个人说你不行也没用；假如孩子觉得自己没能力，即便给他注射兴奋剂也没用。父母需要告诉孩子：任何成功的获得都需要自己的努力和机遇，这与别人的照顾没有直接关系，正所谓天道酬勤，只要你相信自己，那生活就一定会越来越好。

学习犹太式的自立精神——勤勉

流泪撒种的，必欢呼收割。

——犹太教子智慧

犹太民族被称为世界上最勤劳的民族，在他们看来，勤奋就是一个人生存的最根本条件。犹太人善于从小就培养自己的勤勉精神，也可以说这是他们的生存之道。犹太人认为一个人的成功是与他是否勤勉有直接关系的。如果一个人是勤奋的，那么他就拥有了成功的机会；如果一个人是懒惰的，那么他一定不会成功。他们通常认为，勤勉和成功是互相制约的，经常会有很多人因为自己的勤勉而成功，但却很少有人因为懒惰而成功。虽然你的勤劳并不一定能给你带来成功，但是无论如何，每个人都要辛勤工作，因为这是获取成功的最基本的条件。

犹太人认为他们成功的秘诀就是把寻求别人的帮助视为耻辱，不管自己多么贫穷，不管自己如何在低估中挣扎，他们始终会保持这种意识，并以鲜明的独立精神继续生活。犹太人灵魂的根源就是独立地生存，他们明白，自己要想获得独立和自由，就必须学会勤勉。在孩子很小的时候，父母就给他们讲述一些关于勤勉的故事。

讲给孩子的家教故事

哈德良皇帝看见一个老人正在努力种植无花果树，于是，他问老人道："你是否期望自己能够享受果实呢？"

老人回答说："如果我不能活到吃无花果的时候，我的孩子们也会吃到。或许上帝会因此特赦我。"

"如果你能够得到上帝的特赦，吃到这棵树的果实，那就请你告诉我。"皇帝对他说。

随着时间的逝去，果树果然在老人的有生之年结出了果实，老人装了满满一篮子无花果去见皇帝。见到皇帝，他说："我就是那个曾经种无花果树的老人，现在无花果成熟了，这些无花果是我的劳动成果。"

皇帝命他坐在金椅子上，把他的篮子里装满了黄金。可皇帝身边的仆人表示反对："您想给一个老犹太人那么多荣誉吗？"

皇帝回答说："造物主给勤劳的人以荣誉，难道我就不能做同样的事吗？"

犹太父母总是告诉孩子：皇帝说得很对，上帝和人们通常都把奖赏给那些勤勉的人。因为老人的勤劳，所以他得到了上帝的特赦，在自己的有生之年吃到了无花果。在犹太人看来，懒惰将会使一个人一事无成，所以他们选择了勤勉，只有勤勉的人才会尝到胜利的果实。

《羊皮卷》这样劝告世人：“最难受的工作是无所事事，最愉快的工作是人们忙于工作。”犹太人崇尚工作，他们十分讨厌整天无所事事，到处游走，那是他们觉得很难受的事情，反而整天勤勉甚至紧张工作的人才是他们所喜欢的。犹太人的生存之法就是培养自己勤勉的习惯，因为这是成功的关键。那种“成事在于勤，谋事须忌堕”的精神成就了多少犹太人。

勤勉是人一生的财富，如何培养孩子是每个父母必须考虑的问题，对此，犹太父母是这样做的：

1. 让孩子在游戏中学习

对于年幼的孩子来说，他的生活就是游戏，学习做家务其实也是一种游戏。比如，父母让孩子收拾玩具的时候，可以这样说：“玩具玩累了，他们要回家休息了，让我们把他们送回家吧。”开饭的时候，父母可以这样说：“妈妈要当厨师了，宝贝，你来当服务员，好不好？那现在就有请服务员帮忙把菜端出去。”当孩子感觉做家务原来可以这样有趣时，他们一定会喜欢上做家务。

2. 让孩子多练习“做事”

许多父母因为赶时间上班，没时间和孩子磨蹭，看孩子做事很慢，就干脆自己来做。实际上，父母可以利用晚餐后的空闲时间来慢慢教孩子，并尝试着让孩子自己来做，时间一长就熟能生巧了。

3. 抓住孩子兴趣的动机

犹太人认为，从孩子的发展过程来看，孩子都是喜欢做事的，比如，开始学走路不要父母抱；学吃饭时不喜欢父母喂，而是想自己吃；父母给孩子穿衣服，他会抢着自己穿。其实，这就是孩子做事情最强烈的时候，父母需要耐心地教给孩子方法，指导孩子做好他们想做的事情，让孩子享受到“我会做”的喜悦和成就，不要考虑到安全或觉得麻烦而不肯让孩子尝试，结果让孩子失去了学习的机会。

4."舍得"让孩子做家务

父母不要总认为孩子小，很多事情都舍不得让他做，时间长了，孩子就没什么机会练习了。当然，由于孩子的年龄不同，动作技巧，体力，耐心不一样，父母应适当让孩子做一些家务，否则会让孩子因挫折而产生抗拒和畏惧感。

5.父母要做示范性动作

犹太父母认为，在训练孩子学习生活劳动的具体操作中需要父母示范，然后再让孩子独立操作。比如，父母教孩子扫地、洗手帕、洗袜子、穿衣、穿鞋等，让孩子看大人怎么做，一边示范一遍细心为他讲具体的注意事项，再慢慢放手让孩子独立操作。

6.少责备，多鼓励

父母在指导孩子的时候，口气要温和，不宜不耐烦，应有耐心、有步骤地指导孩子学习。犹太父母认为，父母应该珍惜孩子每次的尝试，以鼓励为主，孩子每做好一件事情，都应该及时鼓励，比如，给孩子一个微笑，拥抱一下或说声"谢谢""做得不错"，这都可以让孩子感到骄傲和自豪，体验劳动的愉快，激发其喜欢劳动的兴趣。

7.适当奖赏孩子的劳动

犹太父母常常会通过家庭教育来让孩子学会勤勉。比如，他们常常会给孩子一份清单："吉米拖地赚了10美分，吃饭后为全家人洗碗赚15美分""玛丽收拾自己的床铺赚了15美分，在家照顾小弟弟赚了10美分，插花赚了10美分"。而且他们会告诉孩子这些零花钱是通过自己劳动所得，如果你不干活，就不能得到零花钱。他们通常是不随便给孩子钱的，目的就是鼓励孩子们多干活，培养他们的勤勉精神。等到这些孩子长大后，大多都能勤奋地工作，继而取得事业上的成功。

家教启示

聪明的犹太人在孩子们小时候就开始培养他们勤勉的习惯，这有利于孩子们更早地意识到勤勉的作用。他们通常明白，如果你很懒惰，那么就什么也得不到；如果你是个勤奋的人，就能够得到奖赏。因为从小树立起勤勉的精神，会让他们在成长的路途中，懂得如何认真地去做每一件事。

让孩子知道自己的事自己做

上帝夺走了我们的一切，剩下的只有我们自己。

——犹太教子智慧

犹太父母不会让孩子产生依赖性，他们告诉孩子：自己的事情一定要自己做，一切都要靠自己。哪怕你完成的没有别人好，那终归是你自己的劳动成果。犹太人相信：只有在一次次的困难、失败之后，才能换来以后的完善。假如你总想着依赖别人，那你的一生始终与贫穷和低声下气为伴；假如孩子具备一定能力和地位之后，与家人的沟通才会变得更容易，才能更好地适应周围的环境变化。父母需要教导孩子，自己的事情自己做，从小就培养孩子自主的能力。

讲给孩子的家教故事

玛雅晚上睡觉的时候，脱下衣服之后，妈妈告诉孩子：“玛雅，以后晚上脱完衣服要把它们整理好，然后放在旁边的凳子上。”说完妈妈就开始帮玛雅整理衣服，玛雅见状急忙说：“妈妈，自己的事情自己做，这些都是我的衣服，我自己来整理它们。”说着就从妈妈手上抢过自己的衣服。边整理边自言自语地说：“小衣服，整整平，先把左袖折过来，再把右袖折过来，最后轻轻折起来。”玛雅整理完衣服之后高兴地指着衣服说：“妈妈，你看，我的衣服整理好了，我棒不棒呢？”妈妈竖起大拇指：“棒！棒！宝贝真棒！”玛雅又说：“妈妈，自己的事情自己做，我可是你的小帮手呢！”说完又开始整理自己的小裙子，然后是袜子，等把所有的衣服都整理好之后，她才安心地睡觉。

犹太人认为，父母过度地保护孩子，会让孩子慢慢地失去独立的能力，因此，父母不妨放手让孩子去做一些事情，不但能够证明他们的成长，也能够建立孩子的自信心。孩子教育的目标之一就是独立性，一个缺乏独立性的孩子是没办法适应现代社会的，孩子长大后需要面对的是急剧的社会变化，快速的科学发展，他们需要具备独立思考、判断和解决问题的能力，否则将难以生存。

孩子的童年时期是其世界观、人生观、价值观萌芽的时期，通常孩子在三岁之前就有意志萌芽，能初步借助语言来支配自己的行动，出现独立行动的意愿，比如“我要做什么”“我自己怎么样”。所以，对于父母而言，不仅需要有意识地培养孩子独立的能力，培养孩子自己洗手、洗脸、刷牙、穿衣服，做一些力所能及的事情，还要让孩子练习一些复杂内容的活动，比如收拾玩具、洗碗筷，去不远的地方买东西等。只有把培养孩子的“独立性”作为其健康发展的重要目标之一，才能培养孩子良好的生活习惯。

1. 让孩子成为一个“独立”的人

许多中国父母经常把孩子视为掌上明珠，一家人围着一个孩子转，而现在的孩子都是家中的“小皇帝”“小公主”，他们饭来张口，衣来伸手，每件事情都让父母包办代替，结果导致孩子什么都不会做，什么事情也不愿意做。时间长了，孩子就会习惯让父母帮他做全部事情。

犹太父母认为，孩子从一出生就是一个独立的人，他们一直在积极探索周围的世界。然而，当父母一厢情愿地包办代替的时候，孩子就会形成一种错误的观点：什么事情都应该由父母做，不需要自己动手。为此，父母需要做的是让孩子学会做一个独立的“人”，从而感知生命存在的意义。

2. 训练孩子动手做事的习惯

犹太父母喜欢训练孩子动手做事的习惯，主要是做关于孩子切身利益的事和家事，比如整理书包、收拾书桌、自己穿衣穿鞋等小事。实际上，多做事的孩子有学习手脑并用、体谅他人和为别人服务的机会，同时手脚更灵活，做事更有效率，学习效率也随之提高不少。

3. 让孩子独立去完成一件事情

犹太人认为，父母在孩子需要帮助才能完成某件事情时，父母给予帮助，这是父母的失职。但是，当孩子已经具备独立完成某件事的能力时，做父母的就应该要求孩子独立完成。对孩子而言，假如摔倒之后没有重新站起来的勇气和毅力，那他要如何生存呢？假如孩子离开了父母的呵护就生活得一塌糊涂，那他又怎样去面对激烈的社会竞争呢？

4. 让孩子自我服务劳动

自我服务劳动是孩子照料自己的生活、保持周围环境整洁干净的劳动。比如，对于稍微大一点儿的孩子自我服务劳动的要求是：学会洗手、洗脸、刷牙、洗脚、剪指甲等，做好个人卫生，能穿脱衣服，系鞋带，学会削铅笔，对自己的学习用品进行分类整理和保管，等等。

家教启示

犹太人认为，父母应该鼓励孩子在家里帮妈妈做些家务，比如给父母端水，给爷爷奶奶捶捶背等。让孩子学会做事，就要从小事做起，扎扎实实做好每一件小事，这样才能胜任一件大事。父母“学会做事”生活教育需要贯穿于孩子生活的每一个细节，这样才有效果。当孩子从小就知道自己的事情自己做，慢慢地，他就会从中意识到自己的责任感，不仅事情做得好，而且责任感极强。

帮助孩子树立一个人生目标

一个人努力的目标越高，他的才力就发展得越快，对于社会就更有效果。

——犹太教子智慧

犹太人认为，一个人的人生目标很重要，因为人生不可能没有灯塔。许多父母总是抱怨自己的孩子容易受环境的影响，不好好学习，如何解决这个问题呢？犹太父母认为，其中一个非常重要的方法就是帮助孩子树立人生目标。为孩子树立人生目标，并非像一些父母所认为的是很空洞的、没有任何实际意义的事情，实际上这是一个很重要的问题。一旦孩子有了目标，不管是大目标还是小目标，他就会认为这个目标是他的理想，并会为理想的实现而奋斗。

犹太父母认为，一旦给孩子树立了正确的人生目标，除了目标本身所赋予的意义之外，还能够起到很大的作用。孩子有了人生目标，就能增强免疫力，抵御周围那些不良的环境，有效防止孩子养成坏习惯，让孩子形成独立、有主见的性格品质。凡是在心中牢固树立人生目标的犹太孩子，都能够自觉地、主动地抵抗外界不良事物的诱惑，无一例外地变得有主见、坚持走自己的路。

讲给孩子的家教故事

在美国某一次作文课上，老师给出的题目是：我的人生目标。一个小朋友飞快地写下了自己的人生目标，他希望自己能拥有一座占地十余公顷的庄园，在庄园里有小木屋，烤肉区，还有休闲旅馆。然而，这个作文到了老师手里，被画上了一个大大的红“×”，并要求重写。小朋友感到很不解，老师说：“我要你们写下自己的人生目标，而不是这些如梦呓般的空想，我要实际的目标，而不是虚无的幻想，你知道吗？”小朋友据理力争：“可是，老师，这真的是我的人生目标啊！”老师生气地说：“不，那不可能实现，那只是一堆空想，我要你重写。”小朋友不愿意妥协：“我很清楚，这才是我真正想要的，我不愿意改变我作文的内容。”老师摇摇头：“如果你不重写，我就不让你及格了，你要想清楚。”小朋友坚定地摇摇头，不愿意重写，结果那篇作文他只得到了一个“E”。

然而，30 年过去了，老师带着一群小学生来到了一座很大的庄园，享受着绿草，舒适的住宿以及香味四溢的烤肉。就在这里，老师遇见了庄园的主人，就是当年那名作文不及格的学生，如今，他实现了自己儿时的人生目标，老师惭愧地说：“30 年来为了我自己，不知道用成绩毁掉了多少学生的梦想，而你，是唯一坚定自己人生目标，没有被我毁掉的。”

犹太人认为，宏伟的人生追求可以让人战胜惰性，唤醒自省的潜力，百折不挠，勇往直前。作为父母，要帮孩子从小树立宏伟的人生追求，树立远大的奋斗目标，从而唤起孩子的热情，让他们满怀热情去克服困难和挫折，最终变成一个优秀的人。假如孩子的生活没有了目标，过一天算一天，人生便没有什么价值，更不会取得任何成就。

孩子因为年纪较小，并不知道学习对自己将来有什么影响，也不清楚学习书本知识有什么用，因此他们只愿意做让自己开心的事情，比如嬉笑打闹。这并不是孩子的错，而是父母没有尽到帮助孩子树立人生目标的责任。犹太父母会告诉孩子，生命要存活，只要一碗饭，一杯水就足够了。不过若是想活得精彩，就需要有远大的追求和坚定的目标，宏伟的人生追求是人生不可或缺的精神动力，假如丧失了它，就没有了灵魂，如同行尸走肉般。

1. 为孩子树立追求的好榜样

犹太人认为，父母对孩子的影响是很大的，从孩子呱呱坠地，一直到 18 岁成人，接触最多的就是父母，而孩子的这个阶段最喜欢模仿，父母的一言一行，孩子在不自觉中就能学会。要想让孩子树立远大的人生目标，父母首先要有目标，有追求，行为上努力上进，这样孩子才会学习父母的勤奋，为自己定下目标，未来才会有所收获。

2. 了解孩子的兴趣和特长，尊重孩子的选择

父母要善于培养孩子的兴趣，然后在一些特定的兴趣上，注重投入时间和精力，使其成为孩子的特长。假如发现孩子的兴趣不在于此，则需要帮助孩子及时调整。假如父母勉强孩子去做自己不喜欢的事情，结果往往是适得其反的。

3. 通过名人故事激励孩子树立人生目标

犹太人认为，父母希望孩子不贪玩，主动学习，需要给孩子多讲讲人生的追求和意义，当然，仅仅是理论方面的说辞，孩子并不理解。这时父母不妨用名人榜样引导孩子，帮助孩子树立起自己的人生目标，让孩子认识到只有从小树立宏伟的人生追求，成长中才不会迷失方向，从而实现自己的人生价值。

4. 激发孩子对目标的向往，为其实现目标创造条件

父母需要激发孩子对目标的向往，激发其潜力，比如，孩子想要一件礼物，父母不要马上答应孩子，而是要求孩子在成绩的取得上付出一定努力，得到一定回报之后，这个礼物才可以作为奖品送给孩子。教育孩子凡事都要通过自己的努力才有所回报，这加强了孩子实现目标的兴趣。

5. 将人生大目标分为多个小目标

犹太父母在帮助孩子树立起宏伟的人生追求之后，为了让孩子达到大的人生目标，需要随时关注孩子内心的想法、学习情况，帮助孩子将大目标分解成多个小目标，然后逐一实现。有时候孩子会因为实现了小目标，体验到了成功的愉悦，就会不断努力，向着下一个小目标前进，这样孩子就会渐渐地接近大目标，直到实现人生目标。

6. 鼓励孩子立即行动

犹太父母认为，孩子很容易在受到激励的情境下树立人生目标，憧憬追求，不过一旦缺乏行动，一切将付诸东流。因此，父母帮助孩子树立了远大的人生目标还不够，还应该帮助孩子将目标转化为行动，督促孩子马上行动，

不断地努力，即便遇到困难也不要放弃，这样才能促使孩子最终将目标变成现实。

家教启示

犹太父母认为，有的人追求吃喝玩乐，纸醉金迷的生活，说明其内心很空虚，一生将碌碌无为；有的人目标远大，因此生命里随时充满希望，不管多么艰难，也要尽可能努力实现生命的价值。父母需要帮助孩子树立远大的人生目标，这样孩子才会控制贪玩的欲望，主动学习，长大后也会不畏困难，勇往直前。

培养孩子自立自强的性格

学会自立，就会使自己自强不息；学会自立，就会使自己走向希望，走向成功。

——犹太教子智慧

犹太父母认为，自立就是自己掉进坑里后，能够勇敢地爬出来；自立就是遇到困难时，自己想办法解决；自立就是遇到挑战后，自己勇敢承担；自立就是孩子在面对困难时不被压倒，遇到厄运不低头。在犹太法典上写着这样一句话：“5 岁的孩子是你的主人，10 岁的孩子是你的奴隶，到了 15 岁，父子平等，就没有孩子了。”在犹太人传统的文化里，年满 13 岁的孩子都要参加隆重的成人仪式，表示自己是真正的犹太人了，需要开始承担宗教义务了。聪明的犹太父母是这样教育自己的孩子的：在孩子四五岁的时候，就让孩子从茶几上跳到父亲的怀里，然后父亲紧紧地抱着孩子，一次，两次……突然有一天，父亲不再抱孩子了，让孩子摔在地上，这时父亲就对孩子说：请记住，除了你自己，不要相信任何人，不要依靠任何人，一切只能靠你自己。犹太人对孩子独立性格的教育就是这样的，因为这种教育是由最值得信赖的父亲亲自传授的，而且孩子是用痛苦去感受的，所以犹太人的孩子从小就学会了自立自强。

讲给孩子的家教故事

苏菲最害怕一个人在家里，假如遇到意外情况，苏菲就会手足无措。每次和爸爸上街，她总是喜欢被牵着走，若是爸爸让她自己挑选玩具，苏菲会说："你觉得哪个好啊？"爸爸察觉到女儿对自己太过依赖，独立性太差。

有一天，苏菲要去买书包，她问爸爸："是买粉色的，还是买蓝色的？"爸爸说："你自己决定吧，以后，只要是买你的东西，都要自己决定。"爸爸还鼓励苏菲自己整理房间、打扫卫生、种花等。现在苏菲变得独立了，可以自己洗衣服了，会用电饭煲煮饭了，即便有时一个人在家也可以照顾好自己。

犹太父母认为，孩子养成了自立的性格，才能够快速适应独立的生活。父母希望孩子放弃对自己的依赖，就要注重对孩子自立性格的培养。自立的性格是孩子学会独立、自主生活的关键，假如孩子在性格上喜欢依赖父母，不能承担责任，不会独立思考，就会影响到孩子以后各方面的发展。

父母希望孩子有个美好的未来，就不能事事都满足孩子的愿望，这样容易让孩子产生依赖，无法自主、独立地去做事情。这样的孩子害怕遭遇挫折、承受压力，害怕尝试新鲜事物，无法面对突发事件。培养孩子自立的性格，需要父母学会放手，因为孩子必须学会选择、承担，能够自我服务，不盲目听从他人的意见，孩子需要长大，需要学会独立。所以，父母不要担心孩子会吃苦，而应让孩子早日独立、自主地生活。

1. 允许孩子不听话

犹太人认为，父母要允许孩子适当不听话，不讲理，因为这表明孩子已经具备了独立思考的能力。当孩子不愿意服从父母的命令时，父母需要鼓励孩子说出自己的想法，只要孩子的想法是可行的，就应该按照他的想法行动，只有父母放手才能培养孩子的独立性格。当孩子不可理喻的时候，父母不妨反思：我说的真的是孩子想要的吗？犹太人认为，孩子若每件事都听从父母的，只能说明他在盲从他人的意见，并不值得夸奖。

2. 避免给孩子定太多的规矩

犹太父母认为，假如父母希望培养孩子自立的性格，就不能定太多的规矩。因为孩子想要获得独立的性格，需要更多的是自由，父母总是定规矩，孩子的个性就会被束缚。比如，犹太孩子就有很多自主权，父母通常告诉他：做完作业再玩。后来父母再告诉他：照顾好自己。结果孩子从小到大都做得很好，不会让父母操心。父母没有严格管制他，这样的孩子反而成了别人眼中的优秀孩子，给人印象最深刻的是：自立自强。不管是生活还是学习，犹太孩子都能打理得井井有条。孩子想要自立，就需要多一些个人空间，父母减少规定，就会让孩子拥有更多的自由，而自由的氛围是利于孩子“自我”，也就是自主性的发展的。

3. 避免对孩子进行处罚

假如孩子每次违背规矩都要被处罚，处罚就是对孩子心灵的一种打击。由于孩子对处罚心生恐惧，就宁愿放弃个性和自主性了。犹太父母的建议是，父母对孩子的坏习惯，不管制不行，管严了也不好，父母需要给孩子提供一个远离处罚的环境，从而让孩子远离处罚。

4. 让孩子对自己负责

犹太父母认为，独立的个性可以让孩子更积极地管理自己，孩子需要摆脱被动地听话，等着他人来帮自己作决定。通常来说，那些缺乏独立性的孩子，不自觉、自律地生活，长大后就会被社会淘汰。父母要让孩子学会自己的事情自己负责，自己解决，管理好自己的生活。一旦孩子学会了自律，就会更加独立、自主地决定生活方式。

5. 父母不参与孩子的个人事务

对于孩子自己的事情，父母要鼓励孩子自己解决，别随意插手。尽管孩子的选择有些幼稚、不完善，但父母要知道，即便再不成熟的决定，那也是孩子自己的决定。孩子需要这种自我选择、决断的机会，而孩子则会在失败中走向成熟，其个人独立性也会得到有效提升。

家教启示

犹太父母认为，孩子缺乏自主的个性，主要是因为被过度保护。父母是孩子最强大的保护伞，孩子只要遇到困难，总想寻求保护，于是孩子就在这样的保护下失去了自我判断力、自我抉择能力、自我思考能力。父母应该明白，最听话的孩子，并不是最好的孩子，父母不要随意插手孩子的事情，要把判断和选择的权利还给孩子。

让孩子尝试着做同龄人的领袖

做领导者和做你自己是同义词，就这么简单，也是这么困难。

——犹太教子智慧

让孩子具有领导才能是犹太父母着重培养孩子的重要品质之一，孩子的领导才能是各种能力的综合，在他发挥领导才能的过程中，其综合分析、创造、决策、随机应变能力、协调能力、语言表达能力都得到了相应的锻炼。当然，孩子身上所体现出来领导才能并不同于成人群体中的领导才能。在孩子身上，并没有体现出过多的权力因素，而是更多的自信和成就感。一个孩子如果具备了一定的领导能力，那么他在交往、应变、语言表达能力等方面都会远远超过同龄的孩子，这样他周围的孩子就会对其产生一种亲切感、信赖感和佩服感。

讲给孩子的家教故事

在小镇的一个超市，15 岁的安妮站在收银台边上，正忙着帮客人把买好的东西一件一件麻利地装进购物袋。安妮长得很结实，平时温文有礼，兴趣广泛。安妮平时非常忙，除了学习之外，还是学校学生会成员，学校羽毛球队队员和省女子青年组足球队队员。

一位在购物的朋友跟安妮打了个招呼，安妮也很有礼貌地回应，朋友问安妮：

“暑假有什么计划？忙了一年，是不是利用暑假的时间，好好地休息一下外出度假？”没想到安妮兴奋地告诉朋友：“今年暑假我要参加教会组织的志愿者活动，去非洲的一个小镇，帮助照看当地的战争孤儿。为了筹集资金，在接下来的几个周日，我会来超市帮人装购物袋，筹集资金，周六在农夫市场出售自己烤的蛋糕和饼干，赚的钱会用于去非洲的开支。”朋友关心地问：“你父母同意吗？”安妮笑着说：“他们为我的想法感到骄傲，非常支持我。不过，他们给我提了个要求，那就是必须自己去筹集去非洲一个月所需的全部费用。”

在以色列，像安妮父母这样鼓励孩子利用周末、节假日做志愿者的父母不乏其数，当孩子还很小的时候，犹太父母经常会带孩子一起为当地的食物银行、博物馆、图书馆、体育运动组织等做义工。随着孩子的成长，犹太父母放手鼓励孩子，让孩子独立参与政府机构、养老院、非营利机构的志愿者活动。在犹太父母看来，做志愿者不但给孩子提供认识社会、丰富其生活经验、学习处理社会各种复杂的人际关系的机会，而且还能让孩子在实际生活中掌握观察、模仿和实践领导的技能，因为领导力必须通过孩子的体验所得。

1. 培养孩子的沟通能力

犹太人认为，领导者需要具有比常人更优秀的沟通能力。领导者要有理解别人的能力，与人沟通，协调同伴之间的矛盾和冲突，解决发生在内部的分歧，让大家都朝着一个方向努力，这样，领导者才能赢得别人的尊敬。所以，在日常生活中，父母需要培养孩子的沟通能力，在家庭活动中，父母要锻炼孩子形成“小主人翁”的意识，让孩子懂得理解别人、团结别人，培养与别人沟通的能力。

2. 培养孩子的自信心

犹太父母认为，大多数孩子都有一定的依赖性，这其实是他们缺乏自信的一个重要原因。孩子缺乏自信，因而不敢单独去完成一些任务。所以，当父母吩咐孩子去完成一件事情的时候，要学会鼓励孩子：“我知道你一定能做得到。”如果孩子取得了成功，父母要及时给予夸奖：“你果然做到了，真了不起！”当孩子听到这样的话，自信心就会大增。孩子对自己的能力充满了自信，他就能够独立思考、独立行动，参与同龄孩子的活动而且有一种必须成功的劲头。孩子有了自信心，他就会有自信去领导自己的团队。

3．培养孩子的责任意识

领导者是有一定的责任意识的，他会对自己团队的成功与失败所负责。对于孩子来说，他的责任意识就表现在他对自己、对他人以及日常生活中各种事情的态度上。所以，为了培养孩子的责任意识，父母不仅仅要求孩子自己的事情自己做，还要教导孩子对自己的言行负责。

4．培养孩子的决策能力和创新能力

犹太人认为，父母常常认为孩子是没有想法的附属品，其实，孩子也能够感受到“自我”和“自我存在”，他们也经常为“什么都得听父母的”而烦恼。基于这样一种强烈的自我意识心态，孩子渴望独立行动并开始尝试作出决策。所以，随着孩子年龄的增长，父母要摒弃事事包办的错误做法，尊重孩子的兴趣选择、价值判断等各方面的权利，给予孩子最大的信任，指导并帮助孩子独立自主发展。

创新能力是一个领导者不可或缺的素质，其实，创新能力隐藏在每一个孩子的身上，即便是年龄很小的孩子，他也有一定的创造力。这时候，父母应以奖赏的方式呵护孩子的好奇心，激发他内心的探索欲望，这样有助于培养孩子的创造性思维，从而不断地增强孩子的自信心。

家教启示

犹太父母认为，领导才能对孩子未来发展有极大的帮助，一个习惯于做孩子王的孩子，他能在未来的人生中独当一面，甚至带领自己的团队，因为他过早地接触了领导才能的方方面面。另外，对孩子当下的表现也有很大的帮助，那些具有领导才能的孩子往往担任了学习上的领导者，比如，班长、中队长之类的职务。而且，他们在课余活动中表现出来的领导才能，比智力或学习成绩更能准确地预测他们将来所取得的成就。

第07章

犹太人的契约精神课：守信重诺是做人的原则

犹太民族在各个领域的优秀表现都是为世人所承认的，特别是在商业上所遵循的重视契约精神。犹太人在做生意时尤其注重契约精神，会把契约合同细则制定得清清楚楚，以便保证双方的责任和义务，避免一些不必要的争执纠纷。当然，犹太人还会把这一契约精神灌输给孩子，告诉孩子：守信重诺是做人的原则。

守诺的人才是有美好未来的人

失去了诚信，就等同于敌人毁灭了自己。

——犹太教子智慧

犹太人信奉上帝，他们把自己称为“上帝的选民”。他们认为人之所以存在就是因为和上帝签订了契约，所以犹太人又称“契约之民”。在犹太人的信仰之中，违反契约必定会受到上帝的惩罚，而信守契约，就会得到上帝的垂青，取得成功。犹太人从小就受《塔木德》的教育，他们深切了解恪守契约的重要性，只要签订契约，他们就会坚持将其执行下去，哪怕契约可能对他们不利。很多商人愿意和犹太人打交道，就是缘于这些。犹太人重承诺且守诺，因为他们相信守诺的人才是有美好未来的人。

讲给孩子的家教故事

很早以前，一个犹太家庭里有一位漂亮的姑娘，待字闺中。一天，她与家人一起出去游玩，走了一段路，她感到口渴，于是就一个人去找水喝。她看见了一口井，就想舀些水喝，但是仅凭她的力气要想吊上一桶水根本不可能。她左思右想，看看四处无人，就顺着绳子下到井里去喝水。没想到她喝完水以后，发现井壁太滑，她根本爬不上来。想到此刻父母找不到她肯定很担心，她又着急又害怕，于是哭了起来。

说来也巧，一个年轻的小伙子在此路过，他听见姑娘的哭声，就赶紧一探究竟，姑娘因此得救了。小伙子被姑娘的美貌迷住了，同时姑娘也被小伙子乐于助人的精神所感动，两个人互相表达了爱慕之情。不久，小伙子要出远门，二人依依惜别。临别前，两个人发下山盟海誓，他们约定等小伙子一回来，两个人就立即结婚。订婚是要有证婚人的，但是当时在场的只有他们两个人，正好在这个时候来了一只黄鼠狼，而且旁边还有一口井，于是黄鼠狼和井就成了他们的证婚人。

小伙子离开家乡后，一开始还将姑娘放在心上，但是时间一久，他就忘记了他们之间的约定。可是姑娘没有忘记，还在家里傻傻地等着小伙子归来。慢慢地小伙子将姑娘忘得一干二净，和另外一个女子成了婚，过上了幸福的生活。小伙子和他的妻子先后生了两个儿子，但是两个儿子都遭遇了不幸。第一个儿子在草地上玩的时候，被一只黄鼠狼咬死了；第二个孩子到井边玩的时候，一不小心掉进井里淹死了。小伙子这时醒悟了，他想起了自己和姑娘曾经的约定，于是向妻子坦白了一切，与妻子解除了婚姻关系，匆匆赶回家乡，去见自己的恋人。在姑娘的家里，姑娘一直等待心上人的出现。小伙子向姑娘表达了深深的忏悔，两个人在姑娘的家里举行了婚礼。

犹太人重在强调道德、人的良心，对恋人的不离不弃，尤其强调对契约的遵守。人要信守与上帝的约定，更要信守与他人的约定。假如自己的确因为某些原因做不到，就应该向对方坦白，并请求对方的原谅。 对于违约的行为犹太人深恶痛绝，他们会追究对方的一切责任，而且毫不客气地要求其赔偿经济损失。不履行契约的犹太人，会被认为违背了上帝的旨意，这样的人会遭到大家的唾骂，会被逐出商界。守诺并不只是犹太人在商业上所遵循的原则，他们在生活中同样遵守诺言。

犹太人认为，父母与子女之间的互相承诺也应像与大人的交往一样认真对待，这不但是与孩子交流的一种合理形式，同时也是培养孩子健康人格的一种教育手段。一旦孩子意识到自己答应别人的事情就一定要做到时，便具备了责任感，从而督促孩子学会履行责任，养成良好的道德习惯。那么犹太父母是如何向孩子许诺的呢？

1. 对孩子要言而有信

犹太人认为，父母要尊重孩子，不要以为孩子年龄小、不懂事，对孩子说过的话不重视，不管是否兑现都不在意。因为在孩子的眼里，守信用是最重要的。孩子有时候会抱怨父母说话不算数，只是因为他们希望自己的愿望得到满足。

2. 注重许诺的次数

犹太父母认为，因为年龄小的孩子，控制能力比较差，许诺可以适当多些，随着孩子年龄的增长，有较好的自控能力，许诺的次数可以慢慢减少。

3. 避免胡乱许诺

犹太人认为，父母的许诺必须利于孩子的健康成长，起到正面教育的作用。因此，父母不要在孩子面前夸口，胡乱许诺，许诺太多而又不能兑现，这会让父母在孩子心目中的地位大大下降。假如孩子提出一些无理要求，父母要有自己的原则和底线，把握一个“度”，清楚地告诉孩子：是否可以。这样会让孩子慢慢懂得在生活中有“可以”“不许”“应该”等一些概念，父母是非分明，才能促进孩子的心理健康。

4. 许诺多精神成分

犹太人认为，许诺包括物质许诺和精神许诺，适度的物质许诺是可行的，但不能过度，否则只会滋长孩子虚荣、自私等不良习性。父母可以尽可能地许诺孩子精神活动，比如许诺给孩子买书，带孩子去看画展、旅游等，这样不但可以调动孩子做事的积极性，还可以丰富孩子的精神世界，开阔孩子的视野。

5. 当诺言不能兑现时积极应对

父母由于工作等原因影响了诺言的兑现，孩子感到失望、委屈时，父母不可以强迫孩子接受许诺不能兑现的结果。父母应该主动而诚恳地向孩子道歉，然后将不能兑现的原因告诉孩子，获得孩子的理解和原谅，并在以后寻找合适的机会兑现自己曾经许下的诺言。即便孩子短时间没办法谅解，父母也不要用呵斥、教训的方式对待孩子，应允许孩子发牢骚、宣泄不满的情绪。犹太父母认为，当违背自己许下的诺言时，向孩子说一声“对不起”，可以帮助孩子建立自尊，同时可以培养孩子尊重人的习惯。

家教启示

犹太人认为，父母对孩子必须言而有信，以诚相待。这样孩子才会对父母产生充分的信任感，也会把自己的心里话告诉父母。父母是孩子的镜子，同时是孩子模仿的对象，只有那些言而有信的父母才可以在孩子心中树立威信，才能避免孩子说谎。

诚信是做人的最珍贵财富

诚实是力量的一种象征，它显示着一个人的高度自重和内心的安全感与尊严感。

——犹太教子智慧

犹太人认为契约是和上帝的约定，由于犹太人普遍重信守约，所以他们在做生意的时候，经常连合同都不签，对于他们来说，口头的承诺也有约束力，因为神能听见。在商界，犹太人的重信守约是有口皆碑的。遵守契约是生意能够赚钱的保障。犹太人就是在契约的保障下发财致富的。犹太父母在孩子很小时就对他们进行诚信教育，让孩子伴随诚信健康成长。当然，培养孩子诚信的品质，要求父母有长期坚持的耐心，有与时俱进的细心。父母应从小就要求孩子说真话，做错事要勇于承认自己的错误并及时改正，不拿别人的东西，言必信，行必果。

讲给孩子的家教故事

一天深夜，一位有钱的绅士走在回家的路上，被一个蓬头垢面、衣衫褴褛的小男孩拦住了，小男孩乞求道：“先生，请您买一包火柴吧。”绅士回答说：“我不买。”说着绅士躲开小男孩继续走，小男孩追上来说：“先生，请您买一包吧，我今天还什么东西也没有吃呢。”绅士见躲不开小男孩，便说：“可是我没有零钱啊。”小男孩说：“先生，你先拿上火柴，我去给你换零钱。”说完，小男孩拿着绅士给的一英镑飞快离开了，绅士等了很久，小男孩依然不见踪影，绅士无奈地回家了。

第二天，绅士正在自己的办公室工作，这时秘书说来了一个男孩要求面见绅士，于是，男孩被叫了进来，这个男孩比那个卖火柴的小男孩矮了一些，穿着更破烂，小男孩说：“先生，对不起了，我的哥哥让我给您把零钱送来了。”绅士问道：“你的哥哥呢？”小男孩回答说：“我的哥哥在换完零钱回来找你的路上被马车撞成重伤了，此时正在家躺着呢。”听完小男孩的话，绅士被他们的诚信所感动了。绅士说：“走，我们去看你的哥哥。”家里只有两个男孩的继母在照顾受重伤的男孩，一见绅士，男孩连忙说：“对不起，我没有给您按时把零钱送回去，失信了！”绅士却被男孩的诚信深深打动了，当绅士了解到两个男孩的亲生父母都已经过世时，毅然决定把他们今后的一切都承担起来。

犹太人认为，培养诚信品格，是一笔最好的投资。具有诚信品质的人，注定是人生的大赢家。父母应该记住，只有当他们的行为正直而高尚的时候，他所坚持的道德观念才能深入孩子的心灵，并支配孩子的思想和感情。

诚信既是一种品格，也是一种素质和能力，那么怎样培养孩子的诚信品质呢？犹太父母是这样做的：

1. 为孩子树立好榜样

犹太人认为，父母要想孩子有责任心，以诚待人，自己就要以身作则，做诚实的表率，身教重于言教，父母需要用实际行动对孩子说无声的语言，做有形的榜样。为了培养孩子诚信的品质，父母对待孩子一定要诚信，不能言而无信。假如父母言而无信，孩子就会对父母产生不信任感，并认为说了话可以不算数，慢慢地，孩子也会这样做的。

2. 营造互相诚信的家庭氛围

犹太人认为，父母要做有心人，为孩子创造愉悦的互相诚信的氛围，以感染孩子的心灵。尤其是家庭成员之间应互相信任，尽管孩子年龄较小，但是他同样可以体会到父母对他的尊重和信任。因为从小受到尊重、信任的孩子，会更加懂得如何尊重、信任别人和如何得到别人的信任。

3. 满足孩子合理的要求

父母都希望自己的孩子诚实守信，不喜欢撒谎的孩子，然而，很多孩子却表现得不尽如人意。其实，孩子的这些坏习惯大部分都是后天的某种需求引起的，比如为了满足吃的、玩的需要甚至为了逃避受批评、受惩罚，这些都助长了孩子们不守诚信的恶习。

犹太父母认为，应该认真分析孩子的需求，尽可能满足其合理的部分。当然，满足孩子的时候应用孩子的眼光来看待事物，分析孩子的需要，认真倾听孩子的心里话，而不要以大人的角度推测孩子的心理。得知孩子的需求之后，父母应该让孩子明白哪些是合理的、正确的，然后及时满足孩子合理的需求。对于孩子不合理的需求，则要对孩子讲明道理。千万不要觉得孩子很小，或者没什么要紧而纵容孩子。

4. 主动进行“诚实教育”

犹太父母认为，因为孩子年龄小，父母必须把道理具体化、形象化、趣味化，这样孩子才能接受。因此，父母可以把做诚实人的道理寓于故事之中，让孩子明白是什么诚实，什么是虚假和欺骗，应该做什么，不应该做什么。

5. 对孩子的教育方法要正确

犹太父母认为，父母一旦发现孩子有不诚实的言行，需要细致、耐心、冷静地听听孩子的想法，认真分析其中的原因，然后对症下药。千万不要急躁、粗暴，对孩子进行责骂、体罚等，这样做的结果往往适得其反。

家教启示

犹太父母认为，诚信是一种无形资本，从小培养孩子诚信的品格就等于为孩子的未来融资。一个人是否诚信，这和他后天的环境影响和教育有直接的关系，尤其是孩子童年时期的引导和培养，是其形成诚信品质的关键。

给孩子适当定一些规矩

没有规矩，不成方圆。

——犹太教子智慧

犹太人认为，没有规矩，不成方圆。父母应该在家里穿着权威的大衣，给孩子立下规矩。当然，孩子的成长是随意自然的，当父母给孩子设限的时候，需要注意的是避免抵触孩子身上的随意自然。犹太人在教育孩子方面，提供一套基本的标准，简单地说，这是尊敬的底线，这套标准适用于不同年龄阶段的孩子。犹太民族的律法要求成年人为年长的父母提供饮食、衣物、住处和照料，也就是说，切勿忽略或者遗弃父母。当孩子还小的时候，犹太律法指出他们应当：始终和颜悦色地和父母说话；别再他人面前顶撞父母；尊重父母和别人的隐私；不要占用父母的餐桌位子；尊重继父继母。

讲给孩子的家教故事

周亚夫是汉朝功勋卓著的将军，以英勇善战、严守规矩著称。有一次，汉文帝要亲自犒劳军队，先到达驻扎在霸上和棘门的军营，文帝一行直接骑马进入营寨，将军和他的部下都骑马前来迎送。

然后文帝达到了细柳的军营，那里驻扎着周亚夫的军队。这时只见细柳营的将士们都身披铠甲，手执锋利的武器，拿着张满的弓弩。文帝的先驱部队到了，想直接进去，营门口的卫兵不让，先驱说："天子马上就要到了！"把手营门的军门都尉说："将军有令：'军队里只听将军的号令，不听其他的指令'。"

过了一会儿，文帝也到了，依然不能进入军营。于是文帝便派使者持符节昭告将军："我想进入军营慰劳军队。"周亚夫这才传达命令说："打开军营大门。"守卫军营大门的军官对文帝一行驾车骑马的人说："将军有规定：在军营内不许策马奔驰。"于是文帝等人就拉着缰绳缓缓前行。

一进军营，周亚夫手执兵器对文帝拱手作揖说道："穿着盔甲的武士不能够下拜，请允许我以军礼参见陛下。"文帝被他感动，表情变得庄重，手扶车前的横木，称谢说："皇帝敬老将军。"直到完成仪式才离去。

出了营门，群臣都感到十分惊讶，文帝说："唉，这才是真正的将军，前面所经过的霸上和棘门的军队，就好像是儿戏一般，那些将军很容易用偷袭的办法将他们俘虏。至于周亚夫，谁能够冒犯他呢？"文帝就这样不停地称赞周亚夫，并传令重赏。

俗话说，没有规矩，不成方圆。对军队里的士兵是这样，对孩子们来说也是这样。或许，许多中国父母认为给孩子定那么多的规矩，他们肯定难以做到。其实，只要父母抱着充分的决心，帮助孩子克服最初的惊讶和抗拒，父母就真的可以教导孩子改善行为，让他们更懂得尊敬父母。

著名的教育学家蒙台梭利曾说："父母的规矩应该尽量少立，但立了，就一定要遵守。"父母要让孩子自由成长，不过自由的底线是规矩，没有规矩，不成方圆。或许，父母会认为，孩子还那么小；孩子总是不愿意，又能怎么办呢？事实上，孩子会不会守规矩，能不能守规矩，父母起决定性作用。

犹太人认为，父母经常会传递负能量：

1. 说话不算数的父母

父母经常会抱怨孩子不听话，实际上却是父母自己说话不算数。这样的现象是随处可见的，有时候父母请孩子收玩具，假如孩子不听话，父母发了牢骚之后就只好自己收拾了。有时候跟孩子明明说好在小朋友家里只玩半个小时，结果孩子一哭闹，父母多半会妥协，再多玩一个小时。既然父母从来都是说话不算数，孩子当然会对父母的话充耳不闻了。

对于父母这种错误的做法，犹太人认为父母需要让孩子明白，说话一定要算数。以吃饭为例，让孩子明白吃饭是一件自己的事情，一日三餐需要定点定量，假如孩子一顿不吃，就必须等到下一顿，千万不要稍后用许多零食来充饥。这不但会让孩子体会一下饿的感觉，而且让孩子明白，假如不吃，就真的会饿肚子。

2. 父母控制不了自己的情绪

我们经常会看到父母指责孩子：你怎么就不能安静一会儿听故事呢？像你这样，长大肯定不会好好学习；你这孩子就是坏脾气。甚至有的父母动手打孩子，什么话都没有。其实父母这样做只是发泄了自己的情绪，孩子则会感到十分委屈，根本不知道父母为什么生气。

对于父母这种行为，犹太人认为父母应该有的放矢，就事论事。对于孩子不听话，父母应该就事论事，心平气和地制止孩子的胡闹。父母越平静，教育效果越好，让孩子服从的应该是父母讲的道理，而不是说话声音的大小。还是以吃饭为例，吃饭应该是一件快乐的事情，最忌讳的是孩子不吃，父母却逼着孩子吃。假如孩子几顿都不好好吃饭，却依然没有胃口，父母就需要带孩子去看医生。

3. 对孩子纵容过度，没什么规矩

有时候，孩子喜欢吃糖果，尽管父母觉得应该适当控制，但孩子一闹，就一块一块地给。孩子喜欢看动画片，父母就一次次纵容，总是延长时间，直到看完为止。实际上，很多时候不是孩子不遵守规定，而是父母心太软，不肯给孩子定规矩。

对于这种情况，犹太人认为，没有规矩，不成方圆。假如孩子不遵守约定，发出一次警告。假如孩子还是不听，父母就应该果断地关掉电源，这样做或许有些粗暴，但却是父母说到做到的最佳办法。对于孩子来说，越是他们喜欢的东西，就越要有所节制，从小教会孩子自我控制，长大才能自己管住自己，成为一个对自己行为负责的人。

4．避免粗暴地处理问题

经常会听到父母发出这样的抱怨：这孩子，不就一个小脏瓶子吗，丢都丢了，至于哭成这样吗？或者父母会说：这玩具不好玩，妈妈给你另一个。结果孩子不乐意了，大人又开始抱怨了。犹太父母认为，实际上，孩子们有自己的想法和思维方式，父母应该多从孩子的角度考虑问题，这样才能真正地理解孩子的想法。

家教启示

犹太父母认为，感受是伴随行为产生的，与其坐等孩子变得听话，不如培养孩子们礼貌的习惯。假如父母每天都跟孩子们一起使用文明措辞，感谢和尊重的感觉就会从他们的行为中慢慢体现出来。而且，除了培养良好的态度，措辞和举止会让孩子更在意自己的幸运、责任和别人的辛劳，要求孩子们学会说这些话对于教会他们规矩是一个不错的起点。

让孩子知道要遵守约定

遵守契约，尊重契约，你获得的将不只是尊重。

——犹太教子智慧

犹太教有“契约的宗教”的美誉，而《塔木德》被当作“上帝与犹太人的约定”。《塔木德》中曾记载：“人之所以存在，是因为与上帝签订了存在的契约。”早在远古神话时代，犹太人就已经是重视契约的理性主义者了。

在犹太人的信仰中，违反契约必遭上帝的严厉惩罚；反之，上帝则会给你幸福的保证。犹太人从小就接受《塔木德》的教诲，他们了解遵守契约的重要性，而全世界的人都知道，跟犹太人签约是可以得到执行保证的。犹太人努力恪守自己的契约，有时甚至为了遵守契约而不惜让自己吃亏，当然，他们也收获了丰厚的回报。

讲给孩子的家教故事

美孚石油公司向餐具经营商犹太人乔费尔订购了 3 万套餐刀和叉子，当时定下的交货日期是 9 月 1 日，地点在芝加哥。乔费尔丝毫不敢怠慢，马上请厂商将货物给他们赶制出来。没想到的是，麻烦出现了，厂商始终磨磨蹭蹭，一直不能按时交货。乔费尔对厂商非常生气，不过事情已经这样了，他也没什么办法，只希望厂商能够交货快一些。

乔费尔多次打电话催问，不过对方总是毫不在意地说：“就算是迟点儿，你也总不至于这么上火吧。”乔费尔是犹太人，信奉契约精神，所以只好咬牙：让刀叉坐飞机吧！于是，5 小时之内将 3 万套刀叉装上了飞机，9 月 1 日，这架飞机装载着刀叉到达了交货地点芝加哥。当然，乔费尔付出了惨重的代价：额外地支出了 6 万美元，要运送的不过是 3 万套刀叉。而美孚石油公司的人只是说了一句：“按期交货，很好！”而对于那笔昂贵的飞机租金，他们一句话也没说。

或许，有人认为乔费尔吃了大亏。但是，自从这次以后，商界都知道了这个做生意注重合同的犹太人，全世界的很多商人都来和乔费尔做生意了，于是大量的订单如雪片般飞到了乔费尔的手中。尽管当年的那点儿小损失让乔费尔心疼不已，但现在他却觉得应该好好感谢那次意外给自己带来了这么大的利润。

犹太人认为，即便吃亏也要遵守契约，而他们也是这样教育孩子的。约定的本质是一种信任与被信任，能够遵守约定反映的是人的诚信品质。孩子从小就知道遵守约定的重要性并身体力行，这对于他们的一生是非常有益的。而父母需要做的就是帮助孩子学习遵守约定、信守承诺：

1. 制订一些简单的规矩

犹太人认为，父母所制订的约定规则应该简单易懂，让孩子容易遵守。父母需要避免一下子制订许多且复杂的规矩，更不要制订孩子不容易遵守的规矩，否则将没有任何意义。而那些简单易守的规矩会让孩子感到遵守规矩是一件高兴的事情，增强了他们的自信心。

2. 适当的约定时机

犹太人认为，约定的时机一定要在行动之前，不要在出现问题之后才来谈约定，比如，父母出门前就和孩子说好“我同意带你去超市，不过这次不买玩具”或“这次只买一个玩具，行吗”，孩子答应之后再行动。

3. 父母需要以身作则

犹太人认为，父母想要孩子学会遵守约定，自己的榜样作用是不容忽视的。有的父母不能以身作则，和孩子约定的是一套，自己做的又是另外一套。而许多家里造成意见不合，孩子会觉得自己有了靠山，有了袒护自己的人，他们不害怕受到惩罚。此外，这样会影响孩子正确价值观的形成，他们不知道怎样才是正确的。

父母经常会对孩子妥协，当孩子违约之后，父母因为受不了孩子的哀求而妥协，这以后孩子就会变本加厉地违背约定。假如父母对孩子进行威胁，比如“你说话不算数，妈妈不要你了”，与其这样说，还不如冷落孩子，反而会让孩子有所反省。

父母习惯性的错误做法是哄孩子，时间长了，孩子会觉得“反正我只要一哭闹，他们就会过来哄我，这招最管用了”。结果，不遵守约定、哭闹、耍赖就成了孩子们的家常便饭，再想纠正就很困难了。如果父母没办法兑现承诺，需要向孩子说明原因，否则就会让孩子对父母产生一种误解。

4. 约定一旦开始，就不要放弃

犹太人认为，与孩子的约定一旦开始，就不要轻易放弃。不要对孩子的反抗手足无措，更不要轻易放弃、妥协，给孩子开绿灯。坚定的约定能给孩子安全感，而摇摆不定则让孩子感到无所适从。因此，父母首先要遵守约定，一旦开始，就不能中断，即便确实难以完成，父母也要和孩子一起想办法，努力去解决问题。

5. 让孩子尝试承担后果

犹太人认为，在违反约定的时候品尝行为后果对于帮助孩子建立行为准则是非常重要的，父母需要动脑筋，给孩子实施自然和逻辑后果，建立行为后果帮助孩子学会承担责任。让孩子知道，假如自己不遵守规则，就会承担一定的后果，比如受到惩罚。所以，父母在给孩子建立规则时，一定要让孩子学会承担自己的行为后果。

家教启示

犹太人是极少毁约的，甚至在和有毁约习惯的民族做生意的时候，他们也很少毁约。当然，对方即便尽力来履行约定，也得不到他们的特别称赞，因为履约本身是一件理所当然的事情。这种观念他们一直灌输给孩子，让孩子从小就做一个遵守约定的人。

让孩子养成诚实守信的好习惯

鱼离开水就会死亡，人没有礼仪便无法生存，而不讲诚信则会受炼狱的惩罚。

——犹太教子智慧

《塔木德》这样告诫人们：一个人死后进入天国前，上帝会先问：你生前做买卖时是否诚实无欺？如果有过欺诈，将被打入地狱。虽然各民族都有“经商应童叟无欺”的说法，不过只有犹太人是最严格执行这种正直交易的民族。犹太人认为，唯有诚实正直的经商之道才是生存处世的最高法则，在以色列国家，父母总是告诉孩子：不撒谎，做一个诚实守信的好孩子。

犹太人认为，孩子是否诚信，父母起关键作用。假如孩子经常做出不履行诺言、言行不一的行为，父母就要从孩子的认识发展上来找原因。父母需要避免的是，不要认为这是一种道德败坏，也不要因此而打骂孩子。假如父母在孩子很小的时候就注重对他进行诚信教育，那么孩子长大后肯定是一个讲诚信的人。

讲给孩子的家教故事

吉姆 16 岁那年，父亲让他去商店买一些修栅栏用的木材和铁丝，以便整理一下农场。如果是平时，吉姆肯定会非常高兴的，因为他很喜欢开父亲的小货车。但是，这一次吉姆却怎么也提不起兴趣，理由是父亲让他去商店买东西，却没有给他钱。父亲只是说：“吉姆，你去给我买一些木材和铁丝，戴维斯叔叔知道我的，你告诉他我的名字就行了。”

处于青春期的吉姆心高气傲，他想要得到的是别人的尊重而不是别人的怜悯。吉姆曾经见过自己的同学去商店赊账的情景，平日趾高气扬的同学一副卑躬屈膝的样子，而店主还不可一世地问他是否有能力还钱。吉姆心里很清楚，像他们这样的黑人只要一进商店，那些售货员看他们的眼神简直就像盯贼一样，吉姆知道自己的父亲是一个老实人，很讲诚信，欠了别人的东西一定会还上，不过，别人会相信自己吗？

吉姆走进百货商店，店主叫戴维斯，他是一个饱经沧桑的男人。吉姆看到店主站在出纳机的后面正跟一位中年人谈话，他看了眼店主就径直走向了自己所需要的东西，吉姆用了很长时间才把自己要买的东西拿到了出纳机前，他看上去十分胆怯，他对店主说：“对不起，戴维斯叔叔，这次恐怕我要赊账了。”

这时，那个正在跟店主聊天的中年人看了吉姆一眼，一副鄙夷的神情，但是，戴维斯并没有表露出厌恶之感，反而十分和蔼地说："行，没问题，我知道你父亲是一个很守信用的人。"说着，店主开始对那个中年人介绍说："他的父亲是詹姆斯，是一个很讲诚信的人。"那个中年人于是转变了态度，油然生出一种尊敬之意。

犹太父母认为，要想让孩子养成诚信的好习惯，就要从小开始培养，坚持不懈。父母在孩子还小的时候就要把诚信灌输到他的思想中，并以此来要求孩子。父母可以告诉孩子诚信如何重要，或者给孩子看一些有关诚信的书籍，多给孩子讲一些伟人诚信正直的故事，这样才有利于孩子诚信习惯的养成。

孩子喜欢撒谎，这是大部分父母在教育孩子的过程中经常遇到的问题，面对孩子撒谎，父母束手无策。父母常常苦于无法改变孩子撒谎的习惯，担心孩子撒谎是因为品格出了问题。其实，不同年龄孩子撒谎的性质是不一样的，父母不要一概而论。

孩子为什么会撒谎呢？

1. 年龄较小的孩子

犹太人认为，年龄较小的孩子对一些概念模糊不清，常常会出现混淆的现象，这时父母不要给孩子过早地下结论，贴标签。这时候的孩子还不能理解父母的指令，没有辨别是非的能力。因此，孩子看到一些事物时会按照自己的理解作出判断，用自己的语言模式表达出来。

2. 年龄稍大的孩子

犹太父母认为，对于年龄稍大的孩子来说撒谎是一种自我保护的方式。父母不要把孩子看成是无所不能的天才，当他们有压力的时候，多说一些话和多做一些事情来减少他们的压力，这样可以有效避免孩子撒谎。

3. 青春期的孩子

犹太父母认为，青春期的孩子撒谎是为了表达自己的主见和观点。在这个时期假如父母能给孩子自由的空间，让孩子有表达想法的机会，尊重孩子所提出的合理要求，孩子是没有必要撒谎的。

那么如何培养孩子诚实的习惯呢？

1. 父母言行一致

犹太人认为，父母应该以身作则，言行一致。喜欢撒谎的孩子大多与父母平时说话不算数，对孩子的承诺不能兑现有很大的关系。因此，父母要想孩子诚实守信不撒谎，自己首先要言行一致，为孩子树立榜样，做好表率。

2. 尊重孩子

犹太父母认为，孩子的成长是一个过程，在这个过程中会遇到很多意料之外的问题，当问题出现以后，需要尊重孩子的客观规律，不要把自己的主观判断强加给孩子，需要多听孩子的心声，尊重孩子在成长过程中出现的失误和不足。

3. 让孩子从小事做起

俗话说："不以善小而不为，不以恶小而为之。"父母需要引导孩子从小事做起，培养孩子辨别是非的能力，让孩子参与家庭中力所能及的事情，多给孩子锻炼的机会，让孩子在做事情的过程中提高辨别是非的能力。

4. 了解孩子

犹太父母认为，父母需要做到了解孩子，信任孩子，观其心，知其行。在平时生活中，父母要多和孩子共同探讨和交流，只有这样才能够了解孩子的真实想法，继而做到无条件地信任孩子。

5. 及时引导

当父母发现孩子有撒谎的行为时，不要急于下结论，也不要强迫孩子坦白、承认。父母需要积极引导，动之以情，晓之以理，让孩子认识到撒谎是一个坏习惯。

家教启示

犹太父母认为，教育自己的子女之前，请首先检查一下自己的行为，要知道你的言谈举止对于孩子会产生深远的影响。

第08章

犹太人的珍视时间课：划规时间让成长快人一步

通常人们所说的一天，就是从早晨太阳初升直到傍晚太阳下山为止，日出而作，日落而息。犹太人的时间观念恰好相反，他们的一天是从日落开始的，以安息日为例，它是从星期五的日落开始，直到星期六的日落为止。在他们看来，从苦难和黑暗开始，最后达到幸福和光明的境地。把一天的开始定于日落，这反映了犹太人对生活和人生的积极态度，这是一种智慧的表现。

让孩子学会珍惜时间

必须记住我们学习的时间是有限的，时间有限，不只是由于人生短促，更由于人事纷繁，我们应该力求把我们所有的时间去做最有益的事情。

——犹太教子智慧

犹太人最早领悟时间的价值，“不要浪费时间”“时间也是商品”更是每个犹太人的座右铭。犹太人是这样看待时间的：时间就是金钱，不过时间远不止是商品和金钱，时间是生活、生命。因为金钱是无限的，时间是有限的，用有限的时间去追逐无限的金钱，结果只能受到时间和金钱的压迫。商品可以继续生产，钱也可以再赚，但是时间是不能重复的。一个人最不应该的就是浪费宝贵的时间，因为人都只能经历一次时间，而别人的时间更不能随意占用和浪费。所以，时间对于每个人来说都是很重要的。

犹太人认为，时间是赚钱的资本，有“升值”的利润，假如一个人可以恰当地把握时间，那就可以让金钱“无中生有”。在工作中，犹太人绝不会轻易浪费每一秒钟，一旦规定了工作时间，就严格遵守。下班的铃声响了，员工即便没有完成手头的工作，他们也会立即放下手中的工作回家，他们的理由是“在工作的时间里，我没有浪费一秒钟的时间，所以属于我的时间我也不能轻易浪费”。

讲给孩子的家教故事

巴纳特是南非首富，他刚到伦敦时是一个穷小子，后来，他带了 40 箱雪茄烟来到了南非，用雪茄烟作抵押，得到了一些钻石。然后通过几年时间拼搏，他成为一个富有的钻石商人。

巴纳特的盈利有一个周期性变化的规律，那就是每个星期六他能够获得更多的利益。由于星期六这天银行停业比较早，巴纳特可以用空头支票购买钻石，然后在星期一银行开门之前把钻石卖出去，用所得款项在自己的账号上存入足够兑付他星期六开出的所有支票。巴纳特利用银行停业的一天多时间，拖延付款，在所有人合法权益没有受到侵犯的前提下，调动了远比自己实际拥有的资金多得多的资金。

正是巴纳特树立了较强的时间观念，使得他积累了越来越多的财富。犹太人不但自己珍惜时间，而且还教育孩子从小养成珍惜时间的良好习惯。所谓“一寸光阴一寸金，寸金难买寸光阴”，时间比金子还宝贵，父母们都明白这个道理。但是孩子并不懂得，时间对我们每个人都是平等的，谁有紧迫感，谁珍惜时间，谁勤奋，谁就可以得到时间老人的奖赏。

1. 教育孩子提高学习效率

犹太人认为，为了提高效率，需要科学地利用大脑。因为用脑的时间过长，大脑会变得迟钝。通常让孩子学习一个小时左右，他的大脑就会疲倦，如果这时继续学习的话，学习效率是较差的。所以，父母可以教导孩子交替学习，这样大脑各部分就可以轮流休息，从而达到提高学习效率的目的。

2. 教会孩子善于利用时间

犹太人认为，对于一些事情，最好是用整体的时间，一气呵成，从而达到预期目的。对此父母需要教会孩子善于利用时间，比如，孩子在做一道难度很大的数学题，每天思考一会儿，就去干别的事情，隔天再来思考，就记不得昨天的思路，这样就会耽误时间。

3. 避免孩子养成磨蹭的习惯

犹太人认为，孩子只有体会到磨蹭会给自己带来损失之后，才会自觉地快起来。比如，孩子早晨有赖床的习惯，父母不要着急，也不要去帮他，可以提醒孩子：再不快点可要迟到了。假如孩子依然磨磨蹭蹭，不妨让他亲身体验上学迟到的后果。慢慢地孩子就会意识到磨蹭给自己带来的害处。

4. 巧妙利用倒计时

对于孩子来说，有的事情是硬性的任务，必须在某个时间段完成，这就需要父母教孩子利用“倒计时”的方法来安排时间。比如，在一个月之内必须做完的事情，可以算算还有多少天，规定每天做多少，当天没有完成的话，需要及时补上。让孩子明白假如不能按时完成，错过了机会，就会前功尽弃。

5. 给孩子适当的压力

犹太人认为，缺乏适度的紧张感是很多孩子做事磨蹭的原因之一，因此父母可以在孩子的生活中给予适当的压力，让孩子的神经绷紧一些，让他们的生活节奏加快一些。比如，根据孩子的具体情况，可以给孩子的洗漱、穿衣、吃饭和写作业等增加计时活动，假如孩子做得好，可以适当给予奖励；做得不好，则给予一定的惩罚。

6. 让孩子有一个规律的作息时间

犹太父母认为，孩子的心理过程的随意性较强，自我控制能力比较差，经常是一边吃饭，一边玩耍。一件事情没有做完，心里已经开始想着另外一件事情了。假如父母不注意引导，就会让孩子养成“拖拉”的坏习惯。而良好的作息习惯是养成时间观念的前提，父母可以和孩子一起制定一张作息时间表，将作息时间固定下来，形成习惯，孩子就会对时间有一个明确的认识，养成良好的时间观念。

家教启示

犹太人认为，养成良好的时间观念是一个人做事成功的基本前提，但不意味着全部。特别是对孩子而言，良好的行为习惯是多方面的。父母是孩子的第一位老师，父母的一举一动都对孩子的一些习惯的养成起着至关重要的作用。不过因为父母总以为孩子很小，对孩子做事不管不问，结果对于孩子正确的行为没有给予鼓励，对于孩子错误的行为没有进行阻止，时间长了，导致孩子形成了许多坏习惯，对此，父母需要反省。

不要去浪费别人的时间

最严重的浪费就是时间的浪费。

——犹太教子智慧

犹太人强烈的时间观念使得他们的工作效率极高，同时，他们杜绝各种时间的浪费。犹太人认为，时间和金钱是一样重要的，无故地浪费时间和偷别人钱包里的钱一样罪不可赦。许多犹太人计算了浪费时间并由此带来的经济损失，比如，曾经一个犹太商人做过这样的计算：每天工资为 8000 美元，每分钟约合 17 美元，假如自己被别人浪费了 5 分钟的时间，那就相当于自己有 85 美元的现款被盗窃了。假如犹太人定好了自己的作息时间，就会严格按照这个时间表进行活动，任何人都不能打乱他们的计划。假如谁有什么重要的事情，需要提前预约，他们才会给你安排时间，否则他们是不会打破自己的时间安排的。

讲给孩子的家教故事

麦克是某百货公司的宣传员，为了调查市场，他前往纽约，他想有效地利用时间，去当地著名的犹太人百货公司，打算拜访该百货公司宣传主管。

麦克向看守说明来意之后，看守反过来问："您事先和他约好了吗？"被看守这么一问，麦克愣住了，他沉思了片刻，便滔滔不绝地说："我是一家百货公司的职员，这次来这里要作一个市场调查，因为我对贵公司仰慕很久，所以特来向贵公司的宣传主管请教。"没想到看守却说："很抱歉，先生，您不能进去，因为您没有预约。"就这样，麦克被拒绝了。

因为犹太人不喜欢盗窃别人的时间，所以麦克的工作作风是需要改变的，他们绝不接待没有提前预约的不速之客，犹太人认为时间是十分宝贵的，即便一些看来很有必要的活动，也会被他们简单化。比如，和他人约好了谈事情的时间，说好在 9 点到 10 点 20 分，那么规定的时间一到，就请自动起身，不论你的事情是否谈完，都必须离开。犹太人会尽可能压缩会谈的时间，一般见面之后，他们便直奔主题“我们今天来谈谈这件事”。有些人习惯见面之后先寒暄几句，这在犹太人看来是浪费时间，根本没有一点意义，除非他觉得和你客套能获得什么好处。

可能，有的人会觉得犹太人这样做真是很没有礼貌，但是，犹太人却表示：假如你没有在我们规定的时间内赶到，你已经没有礼貌了。你和我客套，却没有给我带来任何好处，浪费了赚钱的时间，那你就更没有礼貌。假如说好的只谈 20 分钟，而你却在谈了 30 分钟后还没有停止的意思，那就更严重地浪费了我的宝贵时间，这表示你极其不礼貌。

犹太人在教育孩子时同样告诫他们：不要浪费别人的时间。

1. 准时赴约

犹太父母认为，遵守时间既是对别人的尊重，也是对自己的尊重。守时体现了对别人的尊重，这意味着你能赢得别人的尊重。父母需要告诉孩子：假如你与朋友约好几点见面，那就一定要准时赴约。比如，两个人约好了周日上午 9 点见面，结果一方 9 点以后还迟迟不来，给他打电话竟然还关机，这个爽约的人一定失去了信誉，自然也失去了成为对方朋友的机会。

2. 避免让别人等待

犹太人认为，让别人等待也就意味着浪费别人的时间。比如，在上课期间，一个孩子不专心听老师讲课，结果老师在课堂上需要花几分钟的时间来训斥他，在这几分钟里，全班其他的学生也无法学习，那就等于这个不认真听课的孩子浪费了全班同学的时间。父母需要告诉孩子这些道理，让孩子意识到这一点的重要性。

3. 给孩子灌输守时的概念

什么是守时？犹太人认为，就是你说了几点做什么就做什么，事情在多长时间谈完就绝不能拖延。对于孩子而言，父母需要给他们灌输守时的概念，比如几点回家吃饭，假如到了饭点还没有回来，父母可以先吃，让孩子明白，错过了时间是没有人等自己的。

家教启示

犹太人认为，商业就是时间的竞争，千万不要无故浪费时间，而需要有效地安排时间，这样才能赚取更大的财富。父母需要教导孩子：约定了时间就按时到达，即便迟到了一分钟也是不礼貌的；谈事情的时候，要直接切入正题，这样做才是有礼貌的，并在规定的时间里谈完，切忌什么话都不说，否则就是浪费对方的时间。

犹太人的第克替特时间

今日事，今日毕。

——犹太教子智慧

行动的天敌常常是人们的拖延，而能够停止拖延的最好办法就是马上付诸行动。犹太人只占全世界人口的百分之一，但全球百分之七的财富都掌握在他们手中。这其中的一个重要原因，就是犹太人学会做行动的主人。犹太人做任何事情都尽自己最大的努力，从来不把今天的事留给明天。他们做事情绝不喜欢拖延，而是今天的事情今天做，时刻谨记“今日事，今日毕”。犹太人的时间观念很强，所以他们绝不会拖延时间，也不会浪费时间，他们总是致力于把一件事做好。如果他们认定是今天必须完成的事情，就会竭尽全力地去完成，哪怕别人已经下班了，他还会坚持把事情做完再下班。这就使得他们养成了做事严谨、珍惜时间的习惯，这也是他们之所以成功的一个重要因素。

讲给孩子的家教故事

在犹太人的上班时间里，有专门安排了处理文件时间。他们通常把上班后大约一个小时称为“第克替特时间”，即处理文件时间。犹太商人在这段时间里，就会将昨天下班到今天上班之间所接到的商业函件进行阅读，并开始回信，他们用打字机打好及时地发出去。在这段时间里，犹太人为了集中精力处理这些文件，以求高质量高效率，是不允许任何人打扰的。如果有人来打扰，就会影响速度和效率。在犹太人之间，通常他们会说这样一句话：“现在是第克替特时间。”这句话，在犹太人的话语里，有公认的意思，意思就是“谢绝会客”。

如果你随便走进一个才能卓越的犹太人的办公室，就会发现在他的办公桌上，你看不见有“未决”的文件。犹太人的时间观念特别强，他们绝不愿意浪费时间。在他们“今天的事情今天完成”的观念里，积压文件的做法是非常不可取的。因为一旦发现在办公桌上有待批的文件，就有可能有一批是极其重要的。如果没有及时把它们处理好，就有可能耽误很重大的事情，而这是变相地在浪费时间。

而对于很多犹太商人来说，这是尤为重要的。他们办公桌上的文件，大多是有商业往来的信件、商业函件等，其中的内容有的提供了一些重要的商业信息，有的则是请求商业往来，有的是关于某些商品交易。每一个文件里面都包含了一条信息，都极有可能是给商人提供赚钱的机会。如果这些重要的文件积压在办公桌上，等到明天来处理，就为时已晚。因为每个人的时间都是宝贵的，当对方迟迟没有得到消息的时候，他就会选择放弃，另外寻找合作伙伴。这对于商人来说就白白失去了一个赚钱的机会。犹太人是十分清楚这一点的，所以，他对自己手中的文件都是极为重视的。

犹太人用“第克替特时间”来处理文件，这样能够做到高效率地办事。犹太人一般把“马上解决”这句话作为自己的座右铭，所以，他们特别注重办事的效率和时间。他们对于手头的工作马上去完成，而不是一拖再拖，他们极其重视时间观念。在他们看来，拖延昨天的工作，是最可耻的事情。他们力求今日事，今日毕。

犹太人认为，播撒一个行为，你就会收获一个习惯；播种一个习惯，你就会收获一种品格；播种一种品格，你就会收获一个命运。孩子也许没有很好的天赋，但是他一旦养成了很好的习惯，就会受益一生。许多孩子都有做事拖沓的习惯，他们常常会因为贪玩而误了作业，父母问他原因，他还会找出很多借口。其实，孩子养成这样的习惯对他的未来是相当不利的，习惯虽然不能决定一切，但在一定程度上可以影响他做事的效率和风格，尤其是对于小孩子来说，一个小小的习惯有可能会影响一生。因此，父母要让孩子养成“今日事，今日毕”的良好习惯，这会成为他一生的财富。

1. 父母率先做好榜样

泰戈尔说：“当你为错过太阳而流泪时，你也将错过月亮和星星。”犹太父母认为，人性本身就是散漫的，更何况孩子。他们很难坚持一件事，对时间的控制也不到位。

这样的情形不仅仅出现在孩子身上，有时候还会出现在父母身上。所以，要想孩子养成良好的习惯，父母就应该率先树立好榜样，让孩子从小就养成“今日事，今日毕”的良好习惯。

2. 培养孩子“今日事，今日毕”的习惯

在日常生活中，父母要有意识地培养孩子做事不拖沓的习惯。比如，当孩子独立写作业的时候，适当地限制时间，让孩子在规定的时间内写完作业，这样就会提高孩子的学习效率，也避免了做事拖沓。

犹太人认为，父母有计划地安排孩子一天的事情，比如到了假期，给孩子布置一定的作业，再给予一些自由支配的时间，但是，要告诉孩子“今天的事情必须今天做完，明天还有明天的事情要做”，而且必须在做完事情的情况下才能自由支配时间，让孩子学会克制自己的惰性，克制自己想玩耍的心理，努力养成“今

日事，今日毕”的良好习惯。

家教启示

《塔木德》中写道：“金钱能够储蓄，而时间不能储蓄。金钱可以从别人那里借，而时间不能借。人生这个银行里还剩下多少时间也无从知道。因此，时间更重要。”所以，父母在教育孩子的时候，一定要告诉他们：今日事，今日毕。让孩子从小就养成这个良好的习惯。

让孩子摆脱拖沓的坏习惯

我应当做，所以我能做。

——犹太教子智慧

犹太人崇尚的是马上行动，拒绝拖沓。他们不会给自己留后路，不会安慰自己“以后还会有机会”“时间还比较充裕”。犹太人认为，在制订好计划之后就没有退路，唯一的选择就是马上行动。只有马上行动，才能让自己保持较高的热情和斗志，从而提高办事效率。而拖沓只会消耗一个人的热情和斗志，拖沓之后再想鼓起斗志是比较困难的。成功者就是马上付诸行动，对犹太人来说，时间就是生命，时间就是效率，时间就是金钱，拖沓一分钟，就浪费一分钟，只有马上行动才能挤出比别人更多的时间，比别人提前抓住机遇。

讲给孩子的家教故事

阿尔伯特·哈伯德出生于美国伊利诺伊州的布鲁明顿，父亲既是农场主又是乡村医生。年轻时的哈伯德曾在巴夫洛公司上班，是一名很成功的肥皂销售商，但是，他却对此感到不满足。1892年，哈伯德放弃了自己的事业进入了哈佛大学，然后，他又辍学开始到英国徒步旅行，不久之后，哈伯德在伦敦遇到了威廉·莫瑞斯，并喜欢上了莫瑞斯的艺术与手工业出版社。

哈伯德回到美国，他试图找到一家出版社来出版自己的自传体丛书《短暂的旅行》，但是，他没有找到任何一家出版社。于是，他决定自己出版这套书，他创建了罗依科罗斯特出版社，哈伯德的书出版之后，他成为既高产又畅销的作家。随着出版社规模的不断扩大，人们纷纷慕名而来拜访哈伯德，最初游客会在周围住宿，但随着人数越来越多，周围的住宿设施已经无法容纳更多的人，哈伯德为此特地盖了一座旅馆，在装修旅馆时，哈伯德让工人做了一种简单的直线型家具，而这种家具受到了游客的喜爱，哈伯德开始了家具创造业。哈伯德公司的业务蒸蒸日上，同时，出版社出版了《菲士利人》和《兄弟》两份月刊，而随后《致加西亚的信》的出版使哈伯德的影响力达到了顶峰。

犹太人在行动之前总是给自己留下个合理的期限，没有期限的行动往往是无效的行动或低效的行动。期限的存在会有一个时间约束，能让你提醒自己：必须马上行动，否则在约定时间内完不成计划行动。犹太人认为，判断一个人的成功，看看他走路的速度和力度，速度快、力度强的人是沉稳而又干练的人，这种人成功的概率比较大，而拖沓者的脚步始终是慢三拍。

犹太人还比较注重孩子在做事效率上的教育，比如避免孩子养成拖沓的习惯。他们认为，年幼的孩子没有时间管理的概念，他们只做自己喜欢做的事情，不过又担心父母的责备，于是他们做事就会拖沓，而拖沓带来的结果就是父母会负责做他们不喜欢做的事情。

在平时的生活中，我们经常会看到孩子在画画或写字的时候，无奈地在纸上乱涂乱画，一副心不在焉的样子，而父母则在旁边催促，甚至责备孩子。而孩子在父母的责备中速度越来越慢，更有甚者干脆不再继续学习了。

孩子为什么会这样做呢？

可能孩子对这个活动并不感兴趣，由于许多父母并不了解孩子，所以经常会让孩子做一些他们不感兴趣的事情，时间长了，为了敷衍父母，孩子就养成了做事拖沓的习惯。

可能孩子并不知道什么是浪费时间，父母比较关注孩子知识方面的学习，而忽视了对孩子学习习惯、生活细节的培养，孩子没有时间观念，不懂如何珍惜时间，时间长了，自然就养成了浪费时间的坏习惯。

1.尊重孩子的兴趣选择

犹太人认为，父母需要耐心点，多观察孩子的兴趣和爱好，适当满足孩子的合理需求。比如，孩子对画画很感兴趣，不过不喜欢看书，父母就可以投其所好，鼓励孩子去画画，或让孩子以创意涂鸦、剪贴等方式来制作动画书、汽车书、动物书等个性图画书来满足孩子的需要，以此激发其阅读兴趣。

2.让孩子参与时间的安排

犹太人认为，父母不应该将自己的想法和规则强加在孩子身上，而应该将孩子看作一个独立的个体，和他一起商量制订适合的时间计划表。只有这样，孩子才能在平等民主的氛围中有一种参与感，体验到父母对他的尊重。而且，这样的时间计划表是真正意义上孩子自己制订的时间表，他们会更愿意接受。

3.清除阻碍行动的理由

犹太人认为，父母需要清除阻碍孩子行动的理由，假如孩子决定今天晚上就开始行动，那就不要在乎是否会停电，是否会有其他分心的事情，是否中午时没休息好，毕竟类似这样的理由每天都可能出现，要想马上行动就必须清除这些障碍。

4.化繁为简

对于立即行动的事情，可能计划很多，具体实施起来很烦琐。父母需要做的就是让孩子知道什么事情是现在可以做的，什么事情是接下来要做的。假如孩子明确了马上可以做什么不可以做什么，他的行动就会比较容易了。

5.抓紧一切时间

或许孩子抽不出足够的时间来完成一件事情，不过总会有一些零碎的时间，这样孩子就有机会去行动。不要让孩子等到万事俱备才去行动，而应该让他们随时准备行动。

6. 及时鼓励孩子

犹太人认为，孩子一旦开始行动，他的忧虑就会大大地减轻，从而变得自信满满，当孩子的行动取得成就的时候，父母应该及时鼓励，让孩子感到喜悦。不过也需要注意，鼓励是一定程度上的，不是盲目地夸奖，否则会助长孩子的虚荣心，这不利于孩子的成长。

家教启示

犹太人认为，一个人成就的大小取决于他做事的习惯，克服拖沓是做事的一个重要技巧。要想孩子在学习和生活上有所成就，就应该培养他做事不拖沓的习惯，通过慢慢学习“立即行动”，不断地重复，一旦孩子养成这个习惯，“完成任务，马上行动”就会变得自然而然。

让孩子学会时间管理

要找出时间来考虑一下，一天中做了什么，是正号还是负号。

——犹太教子智慧

犹太人认为，时间管理对于每个人来说都是十分重要的，善于管理时间的人，总能高效地完成任务，并取得良好的成绩。一个高效的人，也一定是具有时间观念，而且善于合理安排时间的人。犹太人认为，作为父母，应该深知时间管理的重要性，比如，分配好工作和管孩子的时间，这样就不会手忙脚乱。在平时的生活中，我们经常会看到：父母一再催促孩子干这干那，而孩子不磨蹭到最后一秒钟根本就完不成任务。于是，父母们开始担心了，自己明明对孩子三令五申要珍惜时间，为什么孩子还会如此磨蹭呢？

实际上，从孩子上学开始，他们对时间就慢慢有了感觉，在孩子还小的时候，父母要培养孩子养成重视时间的良好意识和管理时间的良好习惯。孩子们进行时间管理，实际上是自我管理的一部分，就好像成年人的自律一样，但是，在孩子还小的时候，几乎都是由父母告诉他们什么不应该做，什么应该做，应该怎么做，来构成孩子对这个世界的认识。而随着孩子年龄的增长，了解了更多的信息之后，他们的自我意识会逐步增强，他们有了自己的想法，慢慢地不爱听父母的话了。

犹太父母在对孩子时间管理的教育上方法很多，具体说来：

1．培养孩子自我管理的约束力和意志力

犹太父母认为，在孩子的不同年龄阶段，需要发掘和锻炼孩子自我管理的约束力和意志力。

0～3岁，这属于孩子的幼年时期，需要父母仔细观察，观察他们的生物节律，为他们制订一些起床吃饭睡觉的规则，经常对孩子说：七点钟了，宝宝该起床了。诸如此类的话，可以潜移默化地影响孩子对时间的认知。

3～6岁，这一时期孩子逐步对外界事物有了一定的认识，父母需要重点培养孩子良好的生活习惯和独立性，比如，按时吃饭、作息、去幼儿园，学会自己穿衣服和整理玩具等，告诉孩子做事情之前需要思考，比如穿衣服要穿袜子，那么在打开衣柜拿衣服和袜子时就会节省时间。

7～12岁，这时父母可以对孩子进行必要的时间训练，给孩子制订读书计划或学习表，假如发现孩子写作业拖沓，则要反省是否给孩子的学习压力太大，假如孩子在这时感到作业永远写不完，就会让孩子产生能拖则拖的厌学情绪。

13～16岁，这一时期是孩子完成从他律到自律的重要转折期，父母可以尝试让孩子自己去规划、安排时间。假如效果不理想，父母可以记录一下真正的问题以及盲点；假如孩子看电视或上网的时间太多，可以让孩子慢慢改善；假如孩子读书效果不理想，需要考虑让孩子改变读书方法。

2. 教会孩子认识时间

犹太人认为，需要让孩子对时间有个基本认识，了解过去的时间是不能回来的，并对昨天、今天、明天等不同的时间概念有大致的了解。还可以慢慢地教孩子认识时钟，让他们对每天的时间有个大概的认识，同时还要告诉他们每天什么时候该吃饭，什么时候该睡觉，什么时候该起床和上学等，这样他们就会对人们每天的作息时间有了初步的了解。

当父母和孩子一起做游戏或玩耍的时候，可以一次约定一个时间段，这样可以让他们慢慢认识到一分钟可以做什么事情，十分钟可以做什么事情，一个小时又可以做什么事情，时间长了，孩子们就学会了珍惜时间，并意识到失去的时间是不能倒回来的。

3. 让孩子有自律的意识

当孩子对时间有了一定的认识之后，父母就可以慢慢培养孩子在时间上的自律意识。在日常生活中，父母常常和孩子约定做一件事情，比如玩游戏，可以约定从什么时间开始，到什么时间结束。在约定时间的过程中，可以让孩子自己当裁判，亲自下令开始和结束，比如看电视的时候，可以先让孩子决定看多长时间，然后自我监督，一旦超过时间则由父母监督。

4. 纠正孩子喜欢拖拉的习惯

犹太人认为，孩子总喜欢拖拉、磨蹭，这也是让许多父母头疼的问题。实际上，孩子喜欢拖拉的一个重要原因是缺乏时间观念和自律意识。当孩子开始做一件事情的时候，不但要让孩子认真做，还要让孩子自己预计完成时间。让孩子知道时间都是自己的，当事情认真完成以后，剩下的就是自由支配的时间，可另行安排。孩子一旦成为时间的主人，就会提高做事的效率，慢慢改变做事拖拉的习惯。

5. 培养孩子的时间管理能力

犹太人认为，父母要让孩子知道，事情有轻重缓急，要先做重要的事情，而且还要学会怎样合理安排自己的时间。对于有作业的时候，作业比玩要更重要，正确的做法就是回到家先写作业，写完作业再玩。孩子稍大一些时，父母可以教孩子制作时间清单，把自己每天的时间进行合理安排，教孩子制订计划，比如周末怎么安排，每个月想要完成哪些事情，等等。

家教启示

在对孩子时间管理的教育上，犹太父母是这样说的："我会先计算出他所拥有的时间，然后把它分为两部分：学习时间和闲暇时间，让孩子对时间有一个清晰的概念，再列出学习时间要完成的任务和要达成的目标，然后把学习任务进行时间分配。计划表制订之后，双方签字认可。孩子基本上能够在学习时间内集中精力完成学习任务，而闲暇时间只要不违背原则，我都鼓励他自己安排喜欢的活动，比如培养他阅读、绘画、听音乐等兴趣爱好，不过对他并没有太多的要求，只是作为他的个人才艺修养，让孩子的人生体验更丰富。"

第09章

犹太人的创新教育课：犹太人想的和别人不一样

犹太人认为，人要想取得成功，就得在做事的时候有创新的思维。一个人没有创新的精神，就会让自己一直固守在旧有的思维定式中，没有任何的进步。如果一个企业没有创新精神，就会一直止步不前，直到渐渐地被其他企业淘汰，而人只有拥有创新的精神才能不断地取得成功。

创新思维开启孩子的未来

对于创新来说，方法就是新的世界，最重要的不是知识，而是思路。

——犹太教子智慧

无论是在自己的经商实践中，还是在平时的工作生活中，犹太人都具有很强的创新能力。而创新的基础是要有一颗好奇心，只有具有好奇心的人，才会具有创新精神。一个对任何事都感到习以为常的人，是无法从熟悉的事物中发现新事物的。人只有对某件事情产生好奇心，才会不断地研究下去。没有好奇心的引导，人根本就谈不上创新。犹太人在做事的过程中，善于打破常规，不会因循守旧、墨守成规，这也为他们带来了很多机会。犹太人的想法是人是活的，其他没有生命力的制度法律都是死的，只要有弊端，人就可以改变。如果用常规方法不能解决问题，就应该用创新的思维方式思考，改变以往解决问题的方式，或许很快就能将问题解决了。当然，犹太人的创新思维往往来自童年时期的培养。

讲给孩子的家教故事

有一天，物理学家、工程师和画家三个人想比比谁的智商高，他们各说各的厉害之处，但是谁也不服谁，于是他们决定进行一场比赛，以此来评判三个人谁的智商更高。他们为此找来了一个裁判，让他出个题来考考大家。

于是，考官将他们带到了一座高楼下面，并且给他们每人一个气压计，让他们用气压计测出这座高楼的精确高度。比赛的规则是不管用什么方法，只要能测出楼的高度，且方法最具创新性，就是赢家。物理学家用气压计先测出了楼下的气压，又爬到楼顶，测出了楼顶的气压，然后他根据气压公式算出了楼的大体高度。工程师不慌不忙地爬上了楼顶，探出身去，看着手表的秒针，然后让气压计自由落下，他准确地记录了气压计下落的时间并根据自由落体公式算出了楼的高度。工程师和物理学家在等着看画家的笑话，因为他们不相信画家还有什么公式可以运用。只见这位犹太画家非常镇定，他想自己既然用平常解决问题的方式无法将问题解决，那么只好用别的办法了。于是，他敲响了楼下看楼人的门，向他询问楼的高度，报酬就是自己手中的气压计，看楼人告诉了画家楼的准确高度。比赛的结果可想而知。

物理学家和工程师因为气压计的存在，忽视了其他解决问题的方式，被气压计和自己的学识束缚了思维，而画家却能跳出这些固有的思维定式，用创新的思维方式来思考解决问题的新方法，这就是他之所以取胜的原因。

犹太人认为，只要智力正常的人都有创新思维，只是很多人的创新思维一直处于未觉醒的状态，等着自己的主人将其唤醒，这就需要不断地进行思维训练。对于年龄较小的孩子而言，他们的大脑还处于萌发期，想要孩子将来有更强的创新思维，父母就要担负起引导的责任。

犹太人认为，创新思维是可以培养的，只要父母多注意孩子的一些独特思维，不要用陈旧的框框束缚孩子，对孩子的想象力多一些鼓励，多给孩子提供独立思考的空间，孩子的创新思维就会得到很好的拓展。

1. 与孩子分享阅读的快乐

犹太人认为，阅读对于培养创新思维有很重要的作用。父母可以为孩子挑选他喜爱的书籍，这样可以激发孩子听、读、看的意愿。此外，父母还要跟孩子一起读书，只要孩子愿意看，父母就要不厌其烦地陪着孩子读，同时，父母也要鼓励孩子讲故事给他们听，而此时父母要扮演一个忠实的聆听者，不要在孩子讲错时打断他的思路甚至打消他的积极性。

当然，阅读时父母还可以和孩子互动、表演，比如看了小白兔的故事，父母可以将手指竖起来，立在头顶，学着小白兔蹦蹦跳跳地在孩子面前走两圈，再让孩子跟着学。

2. 训练孩子的记忆力

犹太人认为，孩子6岁以前的记忆力具有以无意识记忆、形象记忆占主导的特点。父母要丰富孩子的生活环境，给孩子讲故事，带孩子去公园、动物园，和孩子一起做游戏，增长孩子的见识。在训练孩子记忆力方面，在跟孩子讲故事或外出游玩时都应该给他们提出识记任务，只要父母坚持，通过一段时间的训练，孩子的有意识记忆就会得到很大提高。

此外，父母要尽可能地给孩子创造各种帮助记忆的游戏、方法等，游戏始终是孩子最喜欢的，在玩耍的过程中，孩子的记忆力被最大限度地激发。同时，给孩子多听优美的古典音乐，不但可以陶冶孩子的性情，还可以增强孩子对语言的记忆力。

3. 培养孩子动手动脑的能力

父母要有意识地训练孩子的归类能力，比如，让孩子在户外捡些树枝、树叶，鼓励孩子对物体的颜色、形状、触感等进行分类。父母还要训练孩子的动手能力，比如，让孩子知道彩虹是怎么出现的，在阳光很好的时候，将一只装满水的盆搬到阳光下，在盆的另一边摆放一面镜子，保证镜子的一半在水里，另一半在水面上，将一张白纸放在装水的盆前面，缓缓移动镜子，镜子反射的光线正好落在白纸上，白纸上就会形成一道彩虹。

4. 训练孩子的模仿能力

犹太人认为，父母需要培养孩子的模仿能力，给孩子制造更多的模仿机会，如游戏、涂鸦等。父母扮演孩子，让孩子扮演大人，让孩子体验成年人的世界。父母还可以通过讲故事拓展孩子的模仿能力，比如，父母讲到有趣故事的时候，可以停下来问孩子：“接下来会发生什么事情呢？”鼓励孩子发挥想象力续编故事。

家教启示

犹太父母认为，在平时的生活中，父母可以多鼓励孩子用创新的思维方式解决所遇到的问题，在解决问题的过程中，多问问孩子，只有一种解决方式吗？难道没有更好的解决方法吗？变换一下思考问题的角度，或者变换一下思考问题的前后顺序，或许孩子就会从熟悉的问题中，找出更有效的解决方法。

鼓励孩子大胆想象

只要我们能梦想的，我们就能够实现。

——犹太教子智慧

伟大的科学家爱因斯坦曾说过："想象力比知识更重要，因为知识是有限的，而想象力概括着世界上的一切，推动着进步，并且是知识进化的源泉。"在 19 世纪的时候，荷兰著名化学家范特霍夫曾就"想象"这种才能对许多科学家做了调查研究，发现他们中间最杰出的人都具有高度的想象力。犹太人认为，想象是科学发现和创造的萌芽，也是孩子走上成才之路的开始。正在成长中的孩子们，喜欢思考，有强烈的求知欲，他们对于新鲜特别的东西总是有浓厚的兴趣，这时候，父母需要有意识地培养孩子的想象力，点燃他们心中想象的火炬，让孩子们展开想象的翅膀，在未来的成长天地中自由翱翔。

讲给孩子的家教故事

一个穷苦的牧羊人带着两个年幼的儿子，依靠给别人放羊来维持生活。有一天，父亲带着儿子赶着羊来到一个小山坡，他们看到了一群大雁，鸣叫着从天空飞过，并很快从视野中消失了。小儿子问父亲："大雁要往哪里飞？"牧羊人回答："为了度过寒冷的冬天，它们要去一个温暖的地方安家。"大儿子眨着眼睛羡慕地说："要是我们也能像大雁一样飞起来就好了，那我就要比大雁飞得还高，去天堂看望妈妈。"小儿子也对父亲说："做一只会飞的大雁多好啊！可以飞到自己想去的地方，那样就不用放羊了。"牧羊人沉默了，然后对儿子们说：“如果你们想，你们也会飞起来的。”两个儿子试了试，并没有飞起来，他们疑惑地看着父亲。牧羊人说：“看看我是怎么飞的吧。”他也没能飞起来，但是，他却肯定地告诉两个儿子：“可能是因为我的年纪太大了，才飞不起来，你们还小，只要不断地努力，就一定能飞起来，去你们想去的地方。”从此，在兄弟俩心中就有了一个飞翔的梦想，长大后他们终于飞起来了，他们就是美国的莱特兄弟。

犹太人认为，想象力是创造力的源泉，要让孩子的创新能力得到开发和锻炼，想象力的培养是十分重要的，它可以帮助孩子冲破惯性思维的束缚，超越陈旧知识的限制，完善和发展创新能力。孩子在童年时期开始具有想象力，也是最容易形成思维模式的阶段，一旦形成，就会长时间保持，影响孩子的一生。对此，父母需要引导孩子主动想象，及时鼓励孩子做出充满想象力的回答，培养孩子的想象能力。

1. 认真面对孩子的提问

犹太人认为，一个孩子总是睁着好奇的眼睛，带着求知的欲望，仔细观察着周围的一切事物，他们会不知疲倦地向父母问一些稀奇古怪的问题。其实，这个年龄段的孩子，总是喜欢刨根问底，他们所问的内容比较广泛，有时候甚至让父母哑口无言。有的父母被孩子问得很烦，便没好气地说：“就你事儿多，哪来这么多为什么！”“小孩子懂什么”，这样孩子的创造力和想象力就在无形中被父母扼杀了。

在这时候，父母要认真面对孩子提出的问题，进行积极引导，即便是太荒谬的问题，父母也要正确引导，给予孩子合理回应。孩子们有时候会提出很古怪的问题，父母不要加以责备，要知道这来源于孩子丰富的想象力。面对一些新鲜事物，父母应该鼓励孩子多提问，让孩子展开想象的翅膀，让孩子争当“小问号”。

2. 鼓励孩子“异想天开”

我们常说的“异想天开”就是一种想象力，在孩子的脑海里，总能映现出一个五彩斑斓的世界。当孩子听着童话故事时，会展开一系列的想象，甚至会说出一些不着边际的话，这时候，父母不要斥责孩子“胡思乱想”“胡编乱造”“编瞎话”，而应该保护孩子这种想象方式。

犹太人认为，适当的时候，父母应该鼓励孩子异想天开，为他们营造想象的氛围，激发他们的想象力。比如，父母给孩子讲完故事之后，要求孩子自己编故事，让孩子大胆地展开想象，异想天开，编一段，或者续编故事的结尾，这样既锻炼了孩子的语言表达能力，又激发了孩子的想象力。作为父母，应该耐心认真地对待孩子的异想天开，比如有的孩子会说：将来我想发明一种食物，吃一点，可以一年不用吃饭。父母也不要大惊小怪，要让孩子觉得这种想法是很棒的，让他们享受想象带来的乐趣。

3. 开阔孩子想象的思路

犹太人认为，如果孩子整天待在家里，想象力再丰富也会有思维的局限性，这时候父母要帮助孩子开阔想象的思路。父母可以带着孩子走进社会走进大自然，拓展孩子们的视野，开阔他们想象的思路。五彩斑斓的世界里，以及千奇百怪的大自然都有利于丰富孩子们的思维，激发开阔孩子们的想象力。当孩子们的知识面变广，他们的想象力就会变丰富。

4. 鼓励孩子把想象变成现实

德国的莱特兄弟，小时候就有着丰富的想象力，梦想着有一天能翱翔天空，他们的父亲对此不但没批评他们，反而耐心引导他们，最后兄弟俩发明了世界上第一架飞机。所以，孩子们的想象并不是不切实际的想象，合理的想象的本身就包含着现实的可能性。父母需要帮助孩子提高想象的可能性，只要不是太奇怪的想象，父母可以正确引导，让孩子把想象变成现实。

家教启示

犹太人认为，想象力是创新思维的基础，父母应该重视。而对于孩子来说，想象力的培养以及创造力的开发，是孩子成长过程中不可缺少的一个步骤，也是父母不容忽视的家庭教育。

鼓励孩子打破常规思维，突破创新

聪明的年轻人以为，如果承认已经被人承认过的真理，就会使自己丧失独创性，这是最大的错误。

——犹太教子智慧

犹太民族是一个很特别的民族，他们创造了许多世界第一，比如，第一个在全国范围内建立其销售网，第一个创造了传销模式等。在商业领域，只要谈到犹太人，人们就会有说不尽的话题，这不仅是因为他们拥有高超的赚钱能力，还因为他们拥有独特的思考问题、解决问题的办法。犹太人不会被思维定式所束缚，他们具有创新的思维，敢于打破常规。

讲给孩子的家教故事

一个犹太人走进一家银行，来到贷款部，慢慢地坐了下来。贷款部的经理一边打量着这位先生的穿着——名牌西服、高级皮鞋、昂贵手表，还有镶嵌着宝石的领带夹，一边问道："请问先生有什么事吗？""我是来借贷的。""请问先生要借多少钱？""1 美元。""1 美元？"贷款部的经理吃惊地问道。"嗯，不错，就是 1 美元。可以吗？""当然可以，只要你有担保。""这些担保可以吗？"这位先生边说边拿出了所有的珠宝和债券，"总共是 50 万美元。""先生，像您这种情况，可以借三四十万美元的。为什么您仅借 1 美元呢？""是这样，在来你们这家银行之前，我去过几家公司，他们的保险费都很贵，只有你们这儿的担保费便宜，一年才需 6 美分。"

这就是犹太人打破思维定式的举动，不想交不菲的保险费，可是还得保证自己财产的安全，于是他想到了用担保的方法将自己的财产担保出去，这样既可以省下一笔高昂的保险费，同时还能保证自己财产的安全，鱼和熊掌可兼得。无数犹太人在自己的事业领域创造出令人艳羡的成绩。不论是商业领域，还是学术领域，杰出的人才数不胜数，爱因斯坦、马克思等杰出的学者，就是因为具有创新意识，才在他们精通的领域为人类的进步作出了卓越贡献。

然而，打破常规思维的创新意识是先天的吗？当然不是，这是犹太民族从小培养出来的，那绝妙的创新思维得益于犹太民族的家庭教育。孩子的大脑通常是灵活的，对外界新鲜事物往往产生浓厚的兴趣，有时候，他们会以好奇的心态向父母提问，这些问题正是孩子了解这个世界、培养创新能力的重要途径，父母千万不要对孩子的问题置之不理，或者是随便应付一下，这样会让孩子失去热情，创新能力也会随之削弱。另外，创新并不是我们想象的那么神奇，也没有我们想象的那么困难。我们日常生活中的点点滴滴也能体现出创新，创新就在我们身边。

据一份研究资料显示：外国中学生平时看上去学习不大用功，但却能时常提出一些独特的创新见解；而中国中学生平时学习刻苦，成绩也不错，遇到问题时却墨守成规，缺乏创新和突破。这种反差应该值得每一位父母警觉和重视，不要再让孩子被动地接受学习，一旦他们的思想僵化，就毫无创造力可言了。因此，作为父母，应该鼓励孩子的创造性，教会孩子打破常规，突破创新，当孩子的智慧火花一闪现，就要加以保护。

1. 保护孩子的好奇心

犹太父母认为，在面对生活中的种种现象，孩子往往会提出各种各样的问题，甚至有些问题听起来十分荒谬，其实，这就是孩子的好奇心使然，父母要保护孩子的好奇心，鼓励孩子多质疑多提问。当孩子不断地问“为什么”时，父母不要马上告诉他答案，而是留给孩子一定的思考时间，让孩子说出自己的想法，激发孩子的探索精神，从而培养孩子的创新意识。

2. 激励孩子创新意识

犹太父母问孩子，雪融化后变成了什么？孩子眨着灵动的大眼睛回答，变成了春天。这个孩子的回答就是充满了智慧，虽然，这是不符合常规的，但他的回答却是具有创新意识的。有时候，父母对于孩子的答案，不能以自己的思维方式或唯一的标准答案捆绑孩子，要鼓励孩子打破常规思维定式的羁绊，在判断孩子答案的时候，要把是否具备创新意识放在第一位。只有不断地激励孩子的创新意识，孩子的头脑中才会闪现出创造的火花。

3. 在日常生活中培养孩子的创新意识

犹太人认为，创新思维的特点是灵活、变通，在日常生活中，父母需要有意识地培养孩子的创新意识。父母可以和孩子一起做家务，对一些简单的事情，可以问孩子“是否还有更好的方法”，鼓励孩子异想天开，培养孩子勇于探索敢于创造的创新精神。当孩子做完一件简单的事情时，父母可以鼓励孩子，举一反三，然后找到最简单的方法，这样可以培养孩子思维的变通性和灵活性。

4. 在游戏中学习

犹太人认为，即便在和孩子玩游戏的时候，父母也可以有意识地锻炼孩子的创新能力，让孩子敢于打破常规思维，进行一些创造性的活动。比如，父母与孩子一起做折纸船游戏，提醒孩子“怎么样让纸船在水里行得更远并且不会沉下去”，然后引导孩子变换纸船的折叠方法，更换纸张等，慢慢探索可行性方法。时间长了，孩子就会自觉地问“怎么去做会更好”，发现问题，解决问题，就会培养创新精神。

家教启示

犹太父母认为，对于孩子的创新思维并不需要太复杂，体现在现实生活中甚至可以是很简单的方法。比如，一种游戏，孩子想出了一种新的玩法；一道数学题，孩子想出了新的解法；面对新现象提出的创新问题，等等，这些都是孩子打破常规的创新行为。培养孩子创新意识的方法多种多样，关键是父母要扮演好领航者，鼓励孩子坚持到底。

疑问精神激发孩子的新思路

怀疑能把昨天的信仰摧毁，也能替明日的信仰开路。

——犹太教子智慧

犹太人认为，问题是思维的起点，是思考的动力，一切新的发明都是从有问题开始的。因为有了问题，人们才会主动思考，才会想尽办法将问题解决。科学上就是因为有了问题，才促使各项发明层出不穷，为人类的生产生活带来诸多便利，可以说，犹太民族就是一个善于提出问题的民族。犹太人认为，思考是由一连串的问题组成的，思考越多，问题就越多，对知识的理解也就越深。知道得越多，你的疑问也就越多，你提出好问题的概率也就越大，你就更容易获得成功。

讲给孩子的家教故事

作为一家五金商行的小职员，犹太人汤姆只想当一名称职的员工。他们店里的生意不是很好，有很多积压的产品，因为已经过时了，所以根本就没有人过问这些产品，老板非常担忧。

汤姆想，反正也不指望这些商品挣钱了，为什么不将它们贱卖出去？于是，他就将这个想法告诉了老板，老板听后，非常满意，因为他也很想将这些过时产品推销出去，放在库房里既占地方，还让人堵心。于是他接受了汤姆的建议，将这些过时的商品摆到一张大台子上，每样都标价 10 美分，让顾客自由挑选所喜欢的产品，结果这些商品被抢购一空。

于是老板就将更多的过时商品摆在了台子上，很快就销售精光。汤姆觉得这就是一种销售策略，于是他建议老板将这个点子用在店内所有商品上，但是老板担心这样做会让自己赔本，便没有接受他的建议。于是汤姆决定自己开一家这样的五金店，他找来合伙人，经过努力，终于建立了自己的全国连锁店，赚取了大量利润。汤姆原来的老板见汤姆取得了这样的成功，非常后悔当初自己没有听取他的建议。

汤姆的成功就是因为他能提出新问题，并通过自己的思考找到问题的答案。他没有被传统的营销方式所束缚，而是找到了另一种解决问题的方式。“每件商品的标价都是10美分”，虽然很多商家不看好这种营销方式，但是汤姆却用自己的实际行动证明了这种营销方式的可行性和正确性。

敢于提出疑问，然后努力去解决问题，这是犹太人的一个习惯。而实际上，孩子们学习的过程也是发现问题、解决问题的过程。

1. 鼓励孩子提出问题

犹太人认为，父母最担心两种情况：一种是孩子不提问题，另一种就是孩子问题一大堆，七零八落。提不出问题的孩子，表示他们根本不懂；而问题一大堆的孩子，则表示他们没有抓住问题的关键，问题讲得不清楚。提出疑问是比较重要的，是否提出问题则反映了孩子的思维活动是否积极，因为一个不思考的孩子是不会提出问题的，只有那些思维活跃的孩子才能提出问题，因此，父母需要多鼓励孩子提出疑问。

2. 抓住问题的本质

孩子提出问题后，父母需要明确这个问题是什么，这是通过思考，对问题进行分析，抓住疑问的本质。父母可以指导孩子根据现在的知识和经验将疑问分类，假如不能正确地对问题进行分类就谈不上解决问题。对问题归类的过程尽管是根据已有的知识和经验进行的，不过其前提是要对问题进行分析，而分析的过程就是一个抓住疑问的本质的过程。

3. 假设情况

犹太人认为，提出疑问假设是在明确问题的基础上进行的，提出假设其实就是拿出解决问题的方法。将问题分类之后，提出假设就是将解决问题所用到的已有知识进行重组和推理，最终得到一个或多个答案。父母要鼓励孩子就一个问题提出多种假设，这样可以使孩子对所学到的知识融会贯通。

4. 检验答案

当孩子提出假设时已经得到了问题的答案，有的孩子在解决问题时往往会停留在那里，认为问题已经解决了。实际上，问题还没有真正地解决，这时父母需要鼓励孩子去检验答案，如果检验的结果出现错误，就需要重新开始，引导孩子养成检验答案的习惯。

5. 善于引导、启发、鼓励孩子

犹太人认为，父母是孩子的指路明灯，这意味着当孩子忽视什么的时候，父母要及时引导、启发。所以父母要比孩子更细心地观察身边的事物，毕竟父母比孩子的经验丰富。在引导和启发孩子时，少说“这么明显的错误都没看到？”之类的话，否则会伤害孩子的自尊心。

家教启示

犹太民族是一个不断追求创新的民族，他们的创新能力，是在不断提出新问题，并不断尝试寻找新的解决办法的过程中练就的。父母需要鼓励孩子多观察、多思考、多质疑，这样才能发现问题，也才能在这个基础上找到解决问题的方法。

鼓励孩子不断探索新世界

我的人生哲学是工作，我要揭示大自然的奥妙，为人类造福。

——犹太教子智慧

犹太人认为，父母要鼓励孩子多探索，激发孩子探索的兴趣。许多孩子都有探索的能力，但常常被父母忽略了，或者父母没有给孩子提供探索的机会。因此，建议父母无论在家里，还是带着孩子外出游玩，都要不失时机地鼓励孩子去探索，你可以问问他：“有什么新的发现吗？”这样，孩子就会动脑筋思考，开始自己的探索之旅。

讲给孩子的家教故事

有一天，伽利略在给学生上实验课，一边操作一边提问：“当水温升高时，试管里的水为什么会上升呢？”学生回答说：“因为体积增大，水就膨胀上升。”伽利略再问：“那水冷却之后呢？”学生回答说：“体积就会缩小，试管里的水又会下降。”

这一回答，让伽利略忽然间想到了：既然水的温度变化会引起体积的变化，那么，从水的体积变化中不就可以测出温度的变化了吗？于是，伽利略迫不及待地开始了自己的实验，他先是用手握住试管的底部，让管内的空气慢慢变热，然后倒过来插入水中，再松开手，这时水被吸入试管。当伽利略重新握住试管，水又被压了下去，然后伽利略将一支极细的试管灌满水，在排出空气后密封，并刻出温度。就这样，世界上第一支温度计诞生了。

有的父母带着孩子外出游玩的时候，喜欢警告孩子：“不许到那个地方去！”“不要跑远了。”如果看见孩子正在观察一只毛毛虫，就赶紧斥责：“一只毛毛虫有什么好看的，一会儿它爬到你身上怎么办。”就这样，孩子探索的兴趣被扼杀了。如果父母问一句：“你在看什么呢，发现有什么好玩的吗？”也许孩子能够说出自己的想法，长此以往，孩子就会养成一种习惯，看到新鲜有趣的事物，他就会留心观察，有什么疑问，他也会自己想办法找答案，这样有利于培养孩子的探索能力。

1. 不要直接告诉孩子答案，鼓励孩子自己探索

犹太人认为，不要直接告诉孩子答案，而是鼓励孩子自己探索。有的父母看见孩子正在观察什么，就在旁边介绍个不停，唯恐孩子不懂这些。父母主动告诉孩子，孩子很快就能学到知识，但却是被动接受的。其实，这时候，父母不应该把答案告诉孩子，而是鼓励孩子自己去探索，虽然，自己探索的过程比较慢，但是在这个过程中孩子还可以学到认识事物的方法，体会到主动探索的乐趣。时间长了，孩子就养成了主动学习的好习惯。比如，父母买回了菠萝、螃蟹、玻璃等

新鲜物品，只需告诉孩子事物的名称就可以了，其余的可以让孩子自己去探索，在探索的过程中，孩子会发觉菠萝外面的刺具有伤害性，螃蟹跟菠萝不同的是能咬人，玻璃易碎需要小心。

2. 让孩子体会探索带来的成就感

有的父母习惯给孩子买一些积木，孩子可以通过自己的想象堆出奇形怪状的东西，这时候不妨把自主权交给孩子，随便孩子怎么玩。当孩子让你欣赏自己的杰作时，你要给予称赞“哇，又有新玩法了，真不错”，并且鼓励孩子积极探索“还有更好玩的玩法吗”，孩子就会在父母的鼓励之下开始新的尝试。你会发现在这个过程中，孩子的头脑越来越灵活了。

3. 多鼓励孩子探索，不要有太多的“不准”

有的父母带着孩子出去玩，出门之前就开始了“不准”命令：不要把衣服弄脏了，这样看上去像个坏小孩；不要爬树，不要到处乱跑。犹太人认为，当父母不断地向孩子命令，实际上就扼杀了孩子的探索兴趣。面对外界的新鲜事物，父母应多鼓励孩子去探索，把自主权交给孩子，让孩子放开自己，勇于探索。

4. 做好一个旁观者

犹太人认为，当孩子在专心地做一件事情的时候，父母不要干扰孩子，尽量不要催促他，也不要在旁边不断地提醒他不可以这样、不可以那样，否则会让孩子感觉不受尊重。如果孩子在探索过程中遇到了困难，父母不要急于帮助他，而应该先给孩子一些建议，慢慢引导他战胜困难，获得成功。

家教启示

犹太父母认为，探索兴趣是孩子获取知识的重要条件，同时也是孩子进行创造性活动的推动力。一旦孩子对某种事物或现象产生了兴趣，就会对它向往，促使孩子们去接触它、了解它，对其进行观察和思考，未来可能在某个领域做出突出贡献。

培养孩子的创意思维

我以为人生最大的刺激之一是日新又新，不受制于旧观念，这样才能自由地寻找新创意。

——犹太教子智慧

犹太人把创意思维称为“小聪明”，“小聪明”一般会被人理解为贬义词，耍小聪明就是投机取巧，不按正常的规则办事。其实，耍小聪明未必是一件坏事，有些时候，小聪明也会变成大智慧。别具匠心的小聪明，在关键的时候，也能为你带来巨大的财富。犹太人经常会注意一些生活细节，他们在这些生活细节中运用自己的小聪明，使其变成了发财的大智慧。

讲给孩子的家教故事

美国著名的休斯顿公司，董事长休得曼总是别出心裁地想出很多巧妙的招数去满足客户的需求。休得曼将这种别具匠心的小聪明也用在了消费者买东西的习惯上，他总是能在大千世界里找到发挥他聪明的地方。

休得曼有一家生产清洁剂的公司，他们刚生产的产品是能清洗机动车机件上的油污的一种清洗剂，生产后就用箱式车拉到各个机动车修理店去销售，但是销售的结果很不理想。后来休得曼想到一种聪明的销售方法，将以往商家的买一送一反过来用，就是买一件很小的东西，赠送一件很大的东西。于是他将清洗剂和机件清洗机一起卖，就是买一瓶清洗剂送一台机件清洗机，结果清洗机的多功能性逐渐被使用厂家赏识，这种聪明的做法收到了很好的效果，创造了全州 500 多个机动车修理厂家都安上了这样的机件清洗机的纪录。

表面看来，休得曼的公司亏损了 500 多台清洗机的钱，其实不然，因为三年后，清洗剂的销售价格超过了 500 多台清洗机的价格。后来，休得曼又想到将废旧的清洗机回收，将其加工成新的清洗机再推向市场。这招又为公司赚取了丰厚利润。

休得曼成功的秘诀是将自己的小聪明经过独具匠心的运用后变成赚取巨额财富的大智慧。有些人对这种小聪明不屑一顾，他们追求的是一下子就赚大钱的大智慧。休得曼用自己的成功经验为这些人上了一课：小聪明用得好，一样会成为赚钱的大智慧。其实，这些所谓的小聪明都是很好的创意思维。

犹太人认为，思维决定出路，创意紧系成功，思维方式不同，看问题的角度和方式就不一样，所采取的行动方案就不同，面对机遇所作的选择就不同，最后，人生的收获也会有所不同。而孩子的大脑是没有经过颜料涂抹的白纸，他们蕴藏着无限的潜能，可塑性非常强。作为父母，要有意识地培养孩子的创意思维。

1．你认为呢？

犹太人认为，孩子的脑袋里总是充满了疑问，当他们一脸急切地问“为什么”时，父母自然的反应就是尽量给他们答案。尽管提供答案可以增加孩子的知识量，不过若孩子总是被动地接受这些知识，思维能力就不容易得到提高。

这时父母可以换一种提问方式：为什么？你认为呢？你是怎么想到的呢？那样又会怎么样呢？这可以帮助孩子探索更多的东西，而且孩子在思考这些问题时需要对以前的经验进行思考，这有助于孩子提高独立思考能力和学习能力。比如，父母可以找到孩子感兴趣的话题，忍住告诉孩子答案的冲动，在孩子提出“为什么”之后，父母反过来问“这真是个好主意，你觉得呢？”

2．鼓励孩子大胆想象

有时候孩子容易异想天开，可以说童年是充满幻想的。或许在父母看来，孩子的想象有些可笑和不切合实际，但对孩子而言，喜欢“异想天开”，不按部就班地思考，就是可贵的，父母应该积极鼓励。

3．用新眼光看待

犹太人认为，摆脱固有的思维模式是创造性思维的起点，当孩子学会转换思维的角度，就会更好地看到问题情境之间的关系，从而更有效地发现创造性的问题解决之道。让孩子用新的眼光看待身边的一些平常的事情，是培养创造性思维的基础。孩子一旦习惯了这种思维过程，当再次遇到不熟悉的问题时，他就会运用创造性思维找到新的解决方法。

4. 让孩子学会质疑

犹太人认为，创造性思维的特征之一就是对已知不断发出疑问：真的还是假的？从而寻求新的可能性，假如孩子习惯于批判性地深入思考问题，他们的思路就会更灵活。当孩子对问题提出了自己的看法之后，父母再让他们说出并支持与之对立的观点，这可以让孩子意识到不同的思维模式。

5. 别对孩子说“不”

自信是孩子不断进步的前提，有了自信，孩子才会变得勇敢，愿意冒险。当父母对孩子说“不”，就可能让孩子陷入沮丧，感到自卑。不管在什么时候，父母都要鼓励和赞扬孩子，避免对孩子说“不”，限制孩子的创造力。同时，父母需要引导孩子对各种可能性的事情说“是”，说“为什么不”，而不是“我不能”。

6. 鼓励孩子进行逆向思维

犹太人认为，善于创造性思维的人常常用与普通人相反的方式进行思考，即逆向思维，这种思维可以打破条条框框，在别人认为不可能和别人没有注意到的地方有所发现。逆向思维可以摆脱大脑中固有模式的束缚，在孩子需要创造出无法描绘或者无法见到的事物时，帮助孩子拓宽思路，充分发挥自己的创造力。

家教启示

犹太人不会将小聪明和大智慧分得那么清楚，在他们看来，只要能让自己赚到钱，至于运用什么招数，他们才不会计较。而对于孩子来说，只要是好的创意，就可以称为有创造性的思维。

第10章

犹太人的理性教育课：学会抛开情绪，理性思考

犹太民族是一个重视理性的民族，他们总是能够抛开内心繁杂的情绪而进行理性思考。当然，理性思考的第一步是控制情绪，不要让情绪影响自己的判断。犹太人在教育孩子方面，尤其注重孩子们的理性教育。

培养孩子质疑的能力

质疑是迈向哲理的第一步。

——犹太教子智慧

犹太人经常抱着怀疑的眼光看待周围的一切，他们做任何事情都具有怀疑的精神。怀疑的精神不仅用在治学上，其他方面同样适用。事实证明，怀疑精神是一个民族不断前进、不断创新的保障，一个具有怀疑精神的民族能够不断地前进，一个没有怀疑精神的民族逐渐会退出历史的舞台。犹太人经常用怀疑的眼光审视周围的一切。他们可以怀疑书本上的知识，可以怀疑某人说过的话，可以怀疑权威，可以怀疑他们认为值得怀疑的所有东西。

犹太人经常说的一句话就是："怀疑要比盲目的信仰更值得肯定。"已经庸俗化的道理，几近于偶像，因为它已经成为某种刻板模式。其信奉者的行为也近乎于偶像崇拜，而偶像崇拜正是犹太人最反对的，"摩西十诫"中就有"不可造偶像"的律条。没有怀疑精神的人，只会盲目信从书中所说的东西，根本不会进行自己的思考，他们只是重复着人云亦云的说法，又如何提出质疑呢？

讲给孩子的家教故事

上帝曾经怀疑两个城镇的人民违反自己的谕旨，便准备毁灭那两个城镇的人，以示对他们的惩罚。亚伯拉罕听到这个消息后，开始怀疑这位万能神圣的上帝，于是他自告奋勇代表人民和上帝谈判。

亚伯拉罕质问上帝："假如城里有50个正直的人，难道也得跟随恶人一起遭受毁灭吗？"上帝没有回答，亚伯拉罕继续追问："难道上帝不愿看在正直之人的分上，宽恕其他人吗？"上帝知道自己理亏了，只好说："假如这座城镇真有 50 个正直的人，那么就看在他们的份儿上饶恕这个城镇。”亚伯拉罕更怀疑了，难道要有 50 个正直的人才可以原谅这座城镇吗？于是他接着问：“假如只差 5 个人就能凑足 50 人，是不是还得毁灭这个城镇呢？”上帝让步了，答应如果有 45 个正直的人，就饶恕这座城镇。

亚伯拉罕更加怀疑这位仁慈宽容的上帝了，于是他步步紧逼，问道：“假如只有 40 个正直的人呢？”在亚伯拉罕不断的质疑下，上帝真是哑口无言了，不过作为神圣不可侵犯的万物的主宰，说出去的话不能不算数。但是，他还是为自己的发言辩解。

亚伯拉罕义正词严地质问上帝：“把拥有正直的人的城镇全部毁灭，合乎正义吗？”上帝终于被他问得无话可说，最后他答应：“假如有 10 个正直的人，就不毁灭这个城镇。”

犹太人的怀疑精神是从小被培养出来的。犹太父母在孩子很小的时候，就鼓励他们要经常提出疑问，犹太父母认为，怀疑精神是孩子一生的财富。由于犹太人在很小的时候就经常提出问题，所以他们长大以后，更是用怀疑的眼光审视周围的一切。他们的思路不会局限在现有的一种方法上，而总是想：“难道就只有这一种办法吗？难道就没有更好的解决办法了吗？他说的是对的吗？怎么证明呢？”然后，他们会针对自己提出的问题，找出答案。就是因为具有这种怀疑的精神，他们才会做出一些其他人无法做出的成就。

那么犹太人是如何培养孩子的质疑能力的呢？

1. 启发孩子敢于质疑

犹太父母会努力创造一种平等、宽松、和谐的家庭氛围，尤其是刚开始的时候，运用了适当的激励机制，让孩子大胆设想，敢于质疑，让孩子敢于提问，要消除孩子怕提问、担心被嘲笑的心理疑虑，让孩子大胆地问，毫无顾忌地问，只要是质疑的声音，不管好与坏，不论对与错，父母都要给予肯定和称赞。

2. 引导孩子学会质疑

父母要教给孩子提问的方法，引导孩子善于抓住重点，抓住关键处提问，向

“真理”“科学结论”提问，鼓励孩子不能“浅问辄止”，而是刨根问底，多角度思考问题，多方位提问。鼓励孩子提一些有价值的问题，有价值的问题就是通过表象看到实质的问题。同时，父母要给孩子充分的时间思考，引导孩子深入思考。父母要在培养孩子质疑能力上花费时间和精力，不只是形式而已，而是让孩子学习提问，学会质疑。

3. 鼓励孩子自己解疑

解疑就是按照提出的问题进行研究探讨，从而使问题得到圆满解决。在这个过程中，孩子学会了探究的方法，提高了能力，体会到了成功的喜悦。假如孩子在解疑过程中发表了独特的意见，提出了有创造性的问题，而且符合答案，父母要及时地予以肯定、鼓励和表扬，让孩子感受到创造性学习的乐趣。即便有的孩子所表达的意见离题较远，父母也不要横加干涉，使其失去信心，让孩子大胆说出来，并引导孩子通过课外书、电视、网络、老师等多种途径来解决问题。

4. 启发孩子再质疑

犹太人认为，“疑—质疑—解疑—再起疑—质疑—解疑”，这是一个反复的过程，父母可以启发孩子在探究过程中发现问题，在解疑结论中再次产生问题。需要让孩子明白，解决一个问题并不代表着结束，一个问题讨论结束并不代表这个问题就结束了，鼓励孩子再次发现问题，再次探究。

犹教启示

犹太人认为，有怀疑，就会有发现；有批判，就会有创建。人类的历史、科技之所以不断地发展，就是因为人类有怀疑精神，有了怀疑精神，就会有创新。父母要耐心地培养孩子的质疑精神，让孩子在质疑、解疑的过程中萌发出创新思维。

引导孩子用长远的眼光看待一切

别人在睡觉的时候，我们在快速前进。

——犹太教子智慧

犹太人认为，人贵有超前意识，拥有超前意识就是能够对未来某行业在现有的条件下会发生什么样的转变作出预测，从而对资金的使用、资源的分配作出适当的调度，使自己能够赚取丰厚利润。这与我们的古话“凡事预则立，不预则废”意思相通。作为金融界的翘楚，犹太人更是将其视为赚钱不可或缺的技能之一。如果拥有超前意识，孩子就能在危机到来之前做好准备，不至于手足无措。

讲给孩子的家教故事

哈同是一个富有传奇色彩的犹太商人。1872 年，21 岁的哈同从印度来到香港谋生，但未有成果。1873 年，他又来到上海滩。他最初只是想在沙逊洋行做普通职员，后来，哈同凭借自己的聪明才智渐得赏识，跻身洋行的上层。

1886 年，他与罗迦陵结合，让他如虎添翼。哈同认为房地产在以后肯定会大有前途，于是他在房地产业发展起来，渐渐地变成了上海房地产界的领军人物。哈同控制着上海房地产的行情，在地产行情的潮起潮落中，无数的财富流入他的腰包。

1931 年 6 月 27 日的上海《时报》载文：“哈同以敏捷的手段，一忽儿卖，一忽儿买，一忽儿招租，一忽儿出典……先生转移地皮操奇取胜，则其价日涨，至有行无市。”这就是哈同超前意识的真实写照，正是哈同的超前意识使他不断地赚取财富。

但凡有所成就的犹太人，就是凭借自己的超前意识在社会上独树一帜、独领风骚的，他们能够根据当下的形势分析出未来。超前的意识和思维，能帮他们尽早地作出预测，采取行动，从而把握未来，让他们成为事业上的先行者。

犹太商人的超前意识令全世界的人瞠目结舌。犹太商人很早以前就获得重要的商情信息——世界上有两大行业会经久不衰，那就是关于女人的行业和食品行业。于是他们在这两个行业上投入了很多精力，并因此收获了丰厚的利润。至今世界上这两大行业仍由犹太人操纵大权。我们不得不佩服他们这种超前的意识和视角。犹太人对教育业也有一种超前的意识，他们很早就意识到金钱是不能带走的东西，只有知识才会永远伴随人的一生，所以他们很久以前就扫除了文盲，而当时，全世界还有无数文盲，这不能不让我们佩服他们的超前意识。

犹太人有强烈的超前意识，他们总是用长远的眼光来看待一切，他们能从昨天的历史、今天的现实中发现明天的未来，发现明天的发展趋势。比如实业家蒙德，在人们已经习惯每天工作 12 小时的时候，他首先实行了每天 8 小时工作制，并创造了更高的工作效率。

家教启示

犹太人在对孩子的教育上，也注重超前意识的培养，在同龄孩子中，犹太孩子的想法是比较新潮的，因为当别的孩子还在玩耍的时候，他们已经在做成年人的事情了。所以，在家庭教育中，父母要引导孩子用长远的眼光看待一切。

培养孩子积极主动的习惯

一个人只有积极主动做事，才能成功。

——犹太教子智慧

《犹太法典》里有一篇文章，题目是《积极主动地做事》。文中有这样一句话："现在动手吧！当你意识到拖延懒惰的恶习正在你身上显现时，你不妨用这句话警示自己。从任何小事做起都可以，并不是事情本身有多么重要，重大的意义在于突破了你无所事事的恶习。"犹太商人做事总是采取积极主动的态度，这样不仅可以避免自己受到不必要的伤害，还可以主动创造有利于自己的环境。犹太人一致认为，主动的人不会坐等命运的安排或贵人的相助，自己的幸福和成功都掌握在自己的手中，这些东西都是要靠自己争取的，别人是给不了的，所以如果想占有主动，就得积极主动地做事。

讲给孩子的家教故事

某天，一家犹太人开的公司面试新人的时候，主考官将 10 个应聘者叫到办公室，然后指着一个柜子说："请你们想尽办法将这个柜子搬出去，给你们三天的时间考虑。"所有的人都觉得将这个柜子搬出去是不可能的，因为柜子是铁的，而且体积还挺大，这么重的柜子，人怎么可能将它搬出去呢？三天以后，有 9 个人交了答卷，他们的想法也是五花八门，有的说用杠杆原理，有的说将柜子拆开……前 9 位应聘者都说出了自己的方案，只有第 10 个应聘者没交答卷。第 10 个应聘者是一个柔弱纤细的女孩子，只见她走进办公室，什么话也没说，直接走向柜子，一使劲就将柜子搬了起来，毫不费力地将柜子搬了出去。所有的应聘者都惊呆了，原来"铁"柜子并不是用铁做成的，而是用泡沫做的，只是在其表面镀上了一层铁。面试的主考官就是想用这种方式来考验应聘者的实际动手能力。

只有积极主动做事，才能将事情办妥，倘若一味设想，是解决不了问题的。人们在困难面前之所以会失败，很多时候并不是因为问题很难克服，而是因为人们被它的样子吓倒了。这个时候就更需要积极主动做事，要知道机遇往往就是用困难做伪装的。

对于孩子而言，积极主动是一种专注力。犹太人认为，孩子的早期教育不只是学习，还有性格以及专注力的培养。要让孩子养成专注的习惯，必须从一点一滴做起，孩子一旦具备了专注力，就会积极主动地做事。

1. 分时段学习

父母可以让孩子在规定的时间内分阶段完成学习任务，定时定量。假如孩子能够专心完成，父母需要给予一定的鼓励，还可以让孩子休息 10 分钟。然后再以同样的方式完成后面的学习，当孩子做得很好的时候，可以慢慢延长一次性集中学习的时间，要求孩子主动去做，防止走神。这些都可以增加孩子的自信，让孩子感觉“我能自觉集中精神做好一件事”。

2. 平时多鼓励孩子

当孩子专注做自己的小手工制作或观察小动物而忘记吃饭的时候，父母不要去干扰孩子，而需要耐心等待孩子把手头的事情做完。因此孩子沉浸在自己感兴趣的事情的同时，其实也是在培养自己的注意力。

3. 培养孩子的注意力

注意力是智力结构中的一个重要组成部分，也就是人专心于某事物的能力。作为父母，要冷静细心地观察孩子的行为，找出孩子注意力分散的根本原因，进而有意识地培养孩子的注意力。培养孩子注意力的方式各种各样，但不外乎为了让孩子长久地专注于一件事情。这种训练时间是由短到长，父母可以从孩子比较感兴趣的事情入手，比如可以选择给孩子讲故事，通过提问来集中孩子的注意力；可以选择让孩子观察动物的成长过程；可以请孩子帮忙拿一些东西，由一件到几件不等，慢慢培养孩子的注意力。通过这些训练方法，时间久了，孩子的注意力自然就会增强，也能够提高课堂效率。

家教启示

犹太人认为，积极主动做事的孩子在面对各种困境的时候，会永远保持一颗积极上进的心，他们不会因为前景不可预知以及险象环生，就畏缩不前。空想是解决不了任何问题的，一味地空想，根本就不切合实际，只有积极主动地调查实际情况，根据实际情况制订行动计划，才能在最短的时间内解决问题。

培养孩子冷静处事的心态

不管发生什么事情，都要冷静、沉着。

——犹太教子智慧

犹太父母认为，孩子需要具备冷静处理棘手之事的能力。在现实生活中，有的孩子一遇到问题就紧张不已，大脑一片空白，束手无策；有的孩子平时学习成绩不错，但是一考试，就会紧张，不能正常发挥，影响考试成绩；有的孩子心理素质较差，常常是想说的话不敢说，想要的东西也不敢要，畏首畏尾。长此以往，就会影响自己的发展。

讲给孩子的家教故事

安安是小学二年级的学生，她经常遇到事情惊慌失措，不知道该如何是好。因为成绩优异，安安被选为班级代表，参加数学比赛。比赛的前一天，老师给安安一张贴有安安照片的准考证，并叮嘱安安一定要好好保存，不然第二天就进不了考场了。

同学们见安安代表全班参加数学竞赛，还有准考证，都拥挤着过来看。安安又被老师叫去叮嘱一些考试注意事项了，结果准考证在同学们手里传来传去，等安安回来的时候，准考证不知去向了，安安为此急得大哭。

这时正好爸爸来了，安安立刻扑到爸爸的怀里，哭得更凶了。爸爸以为发生了什么事情，赶紧追问，安安哭着告诉了爸爸事情的经过。爸爸听后，说道：“孩子，遇到这种事情，你首先应该做的就是想办法去解决这件事，你可以先去自己的书桌找找看，说不定同学们看完之后把准考证放回你的书桌了。如果桌子上没有，你可以到讲台上去看一看，到窗户那里看一看，想一想同学们可能会把它放在哪里。如果还是没有找到，你可以求助老师。”爸爸拉起安安的手，说：“来，你按爸爸说的去找找看，我在外面等你，爸爸知道你是一个大孩子了，像这样的事情，不用爸爸帮忙，你一个人会解决好的。”

爸爸说完，就到教室外面等着安安，安安在教室里找了一圈，没有找到，于是就到办公室找老师，向老师说明了情况，老师帮她给同学们打电话，终于有一个同学回了话。原来那个同学看完之后就随手把准考证放进自己的书包，带回家里了，同学答应安安，马上给她送回来。

安安找到爸爸，和爸爸一起等同学来送准考证。爸爸说道："遇到事情不要急，更不要哭，而是保持沉着冷静，努力想办法解决，爸爸相信你能做得很好。"

犹太人认为，遇到事情很容易情绪化，被着急、害怕的情绪所影响，而不知道该如何是好，甚至只顾发泄情绪，而不去想解决的办法。对此，父母可以教导孩子们在遇到问题时要冷静面对，想办法解决问题。

孩子遇到棘手的事情，父母该如何引导呢？比如，当孩子在学校受了委屈时，犹太父母是怎么做的呢？

1. 避免跟孩子讲道理

犹太人认为，父母需要避免跟孩子讲道理。父母在与孩子沟通的过程中，很容易犯"讲道理"的错误，实际上，那些道理对孩子的表达有压制的作用，孩子会觉得自己本来应该那样做，而不应该这样做，于是更加认为自己错了。其实，父母可以换位思考，成年人遇到这样的事情也难免处理不好，也会犯错误。孩子毕竟还小，即便做得不好，那也在情理之中。父母不要用成年人的眼光来要求孩子，少说"你本来应该那样做"或者"你以后应该那样做"。

2. 引导孩子释放情绪，比如愤怒

在情绪处理上，父母需要引导孩子表达自己的情绪，尤其是愤怒。愤怒是一种最容易被压制的情绪，而压制愤怒对孩子的成长是很不利的。假如孩子在学校受了委屈，父母为了避免孩子对学校有意见，害怕以后影响老师对自己的态度，往往会对孩子的愤怒情绪加以化解或者压制，不鼓励孩子表达愤怒的情绪，这其

实是错误的行为。孩子即便表面上听话了，也会倾向于把愤怒情绪转向内心深处积累起来，感觉“我错了”，这样会降低孩子的自我评价，导致孩子产生消极和退缩的心理，不专心学习。

3. 父母要与孩子站在一起

假如客观上真的是老师伤害了孩子，孩子因此受了委屈，父母就需要站在孩子一边，作为孩子的支持者，而不要顾虑太多，回避接触老师。其实，父母找学校说明情况是对孩子尊严的一种保护，不过父母不一定要采取“讨回公道”的方式，而是需要持一种冷静的态度，特别是让孩子了解事情解决的过程，消除误会对孩子心灵的影响，让孩子感到自己不是孤单的，并让孩子在化解“委屈”的过程中渐渐学会判断思考，培养遇事冷静的心态。

家教启示

犹太人认为，父母不仅要关心孩子的衣食住行，还要关注孩子的内心和精神世界。为了孩子的健康成长，让他们永远保持一种乐观、积极、从容、冷静的心态，只有这样，才能克服生活和学习中遇到的问题，从容不迫地生活。

让孩子换个角度看问题

上帝为你关上一扇门，同时也给你打开了一扇窗。

——犹太教子智慧

犹太人经常将死路走成活路，他们在面对事情的时候机智勇敢、沉着冷静，这就是他们能够机智勇敢地面对一切困难的原因。也许不是所有的人都像犹太人一样机智，犹太人在商场上身经百战，经受了无数磨难，练就了一身功夫，所以才能在关键的时候，不让自己走入山穷水尽的将死之路，而是慢慢地将死路走成活路。

讲给孩子的家教故事

有一个国王发布了一道奇特的命令，要求每个即将被处死的犯人说一句话，而且必须马上验明真假。如果是真话，犯人就被绞死；如果是假话，犯人就被砍头。国王觉得自己想出的这个主意实在是太高明。

正好有4个犯人要被处死，于是当着众位大臣的面，他让每个犯人说一句话。第一个犯人说道："我爱你，国王。"国王随即说道："爱我，就不应该犯罪，假话！拉出去砍头！"第二个犯人见到国王后，说道："我有罪啊，我该死！"国王说道："你确实有罪，也确实该死，说的是真话，拉出去绞死！"第三个犯人看见前两个犯人都死了，于是说道："太阳距离我们有70万公里零9米。"国王说道："这个问题没办法证明，视为假话，拉出去砍头！"轮到第四个犯人了，他是个犹太人，他说道："我将被砍头！"国王想如果他说的是实话，那他就该被绞死；如果是假话，就该被砍头，可是这样他就说对了，应该被绞死……国王的脑子被绕晕了，他不知道到底该判犹太人是绞刑还是砍头，于是国王下令，犹太人被无罪赦免。不久，国王这道自认为很聪明的法令就终止了。

犹太人就是有本事能将一条条死路，经过思考后走成活路，这不是一般人可以做到的，但是犹太人做到了。人们在做一件事情的时候经常会因为方法不当而走进死胡同，转换一下思路，或许就能让死路变成活路，有的人不知道如何转变，只是一味地按照原来的思路走，这样就容易使道路越走越窄，甚至出现无路可走的情况。转换思路不是一件简单的事，需要广博的知识、持久的毅力以及专心致志的精神。

很多人在做事情的时候，坚信自己的想法是正确的，执着地一路走下去，这种坚持不懈的精神本是值得赞许的。但是，如果在事情毫无转机的情况下，犹太人认为，一味地执着，那就是固执了，这样坚持下去，路只会越来越难走。所以，这时候就需要换一种思路，看看有没有其他路可以达到目标。及时转换思路，人就不会错失很多到手的机会，就不会一味地悔恨。犹太民族就是这样一个民族，他们对事情拿得起，放得下。很多人对自己的付出耿耿于怀，总是期望自己的付出收获期待的结果，殊不知，这样只会失去更多。

在现实生活中，父母也需要引导孩子换一个角度思考问题，尤其是孩子闹情绪的时候，教会孩子换一个角度看问题，说不定会有惊奇的转变。

1. 让孩子学会理解他人

父母需要告诉孩子，不要总是从自己的角度看问题，认为其他人都对不起自己。当孩子闹情绪的时候，父母不妨问孩子几个问题：站在别人的角度，对你现在的做法有什么想法，会生气吗？你这样做，别人会怎么看你，怎么对待你？站在别人的角度，思考你可能在哪些地方会做错？你为什么对他们不满意？你会对别人的做法采取哪些行动？这些行动会导致什么样的后果？

2. 引导孩子学会控制自己

犹太人认为，冲动是魔鬼，父母需要教会孩子控制自己。当孩子遇到生气或愤怒的事情，让他先尝试着从别人的角度看问题，试着理解别人，明白自己心中的真实想法，再想办法采取行动。犹太人认为，当遇到事情的时候，理智的孩子让血液进入大脑，冷静地思考问题；野蛮的孩子让血液进入四肢，大脑空虚，疯狂冲动，父母需要培养一个理智而富有智慧的孩子。

3. 引导孩子转移注意力

当孩子产生负面情绪的时候，父母可以引导孩子通过转移注意力来降低负面情绪对自己的影响，如让孩子看一些喜剧电影，也可以让孩子练字，这样不仅转移了注意力，还有效地让自己安静下来。

4. 让孩子学会体谅他人

犹太人认为，任何事情都有两面性，看法不同，就会有不同的结果。在生活中，每个人或多或少都会有这样或那样的缺点，学会体谅别人，当事情发生的时候，尽可能站在别人的角度去思考问题，想想会对别人产生什么样的影响。假如孩子和朋友吵架了，因为别人对自己的误解和伤害不一定是故意的，父母要告诉孩子，宽容比其他的方式更合适一些，引导孩子从另一个角度来看待别人对你的误解或伤害。

家教启示

犹太人认为，一旦孩子遇到了难过的事情，就容易走入死胡同，不懂得换一个角度看问题。这时父母就应该担负起引路者的责任，引导孩子从另一个角度来看待这件事情，看到好的一面，这样心情就会有所好转了。

让孩子学会变通

没有做不到的事，只有不会变通的人。

——犹太教子智慧

《成功学》中有这样一句话："没有做不到的事，只有不会变通的人。"世界上没有什么事情是人尽了全力依然无法解决的，只要会变通，人就不会被事情所左右。犹太人为什么这么会赚钱，为什么他们就能掌控世界的经济大权？就是因为他们会变通，他们能在变中不断前进，在变中引领世界经济潮流。

犹太人在金融行业一直是翘楚，这与他们多年经商，有着丰富的经商经验密切相关。犹太商人懂得当今社会只有不断变通才能站稳脚跟。盲目蛮干并不能创造多少财富，只能逐渐被时代淘汰，而懂得变通的人，会一直走在时代的前列，他们能够把握时代的脉搏，能够根据一点细微的变化嗅出未来变化的方向。当今世界叱咤风云的成功人士，无不精通变通之术，他们在变化之前就已经做好所有准备，以便迎接即将到来的世界之变。

讲给孩子的家教故事

一个犹太人来到国外，在一个很好的旅店安顿好后马上到一家银行去抵押东西进行贷款，他问银行职员最底可以抵押多少贷款？职员回答说 10 美元，于是他把自己的包抵押了，贷了 10 美元。银行职员检查他的包时，发现里面有价值上亿美元的财产，还有一些很值钱的贵重物品。

大家想一想他为什么要这样做？首先是安全，花极少的利息作为保管费用，每天只花一美分，就找到了一个安全的地方替他保管如此贵重的包。

犹太人一般是不会循规蹈矩的，他们对任何事物都有自己的见解和看法，他们为了追求最大的利益，可以在遵守契约制度的前提下，做一些小变通，这些小变通有人会认为是投机倒把，其实犹太人根本就不在乎这些，因为在他们看来，钱是最重要的，只要赚钱不会逾越法律的范围，其他的根本就不重要，商场上是不会讲究道德不道德的，只有赚到钱才是硬道理。

在生活中，父母应该让孩子在遇到困难时学会变通，不管是生活还是学习，当用正常思维行不通的时候，不妨转变思维，说不定就找到了新的出路。

1. 锻炼孩子的发散思维

犹太人认为，发散思维是大脑在思考时呈现的一种扩散状态的思维模式，主要表现为思维视野广阔，思维呈现出多维发散状，不死守陈旧的思想观念，能够转变思路，从多个角度看问题。每个父母都希望自己的孩子能够灵活地运用知识和经验，具体分析一些事情，这样有利于培养孩子的发散思维，比如一题多解，一事多写，一物多用等方式。当孩子遇到问题找不出解决方法，或做事稍微有点缓慢的时候，父母不要主动帮忙；当孩子想出一个解决问题的方法时，父母不要急于否定；当孩子面对困难表现出迟疑时，父母不要失去耐心。

2. 让孩子避开直线思考的方式

直线思考就是一个人在考量和解决问题的时候，只懂得沿袭固有的事物发展的直线性来办事，对着认定的目标直接扑过去。这种思考习惯有助于快速简捷地解决，不过缺少回旋的余地，忽视了其他的解决方法。所以，父母在教育孩子面对问题时，一定要多动脑，假如直线思考不能解决问题，不妨曲线思考。父母要教育孩子从不同的角度去想，从固有的思维习惯出发，一旦没有找到合适的方法，就需要改变方向，从另外一个方向着手，也就是从完全不同的方向来思考问题。

家教启示

犹太父母总是告诉孩子：成功与失败的距离有时候就是一个变通的事，会变通的人就能取得成功，不会变通的人就只能面对失败。一味地墨守成规、因循守旧，只知道低头蛮干，完全不顾市场变化的人最终只能被市场淘汰。犹太民族的经商智慧传承了几千年，他们一直将这种智慧传承下来，在实践的基础上对其进行升华，犹太人有世界第一商人的美誉，这与他们的变通不无关系。

第11章

犹太人的环境教育课：培养孩子的环境适应能力

犹太人是一个有着较强生存力的民族，不管在多么恶劣、糟糕的环境，他们依然能够活出自己的精彩和智慧。当然，犹太人也注重孩子的环境教育，从小培养孩子的环境适应能力，即便孩子们到了一个新环境也能很快适应。

让孩子在陌生环境中快速适应

人生就是一直在适应中体味快乐。

——犹太教子智慧

犹太人是从来不惧怕陌生环境的，他们认为人生就是在适应中体味快乐。在他们看来，一个人总是要看陌生的风景，结识陌生的人，甚至，生活在一个陌生的环境里。因为这个世界是变化莫测的，如果我们固执地待在最初的原点，那么，我们将不能适应这个世界的变化，甚至逐渐被这个世界所淘汰。犹太民族在家庭教育上，尤其注重对孩子的环境适应能力的培养，因为只有这样，孩子日后才会更快适应新的环境。

讲给孩子的家教故事

一位将军去沙漠参加军事演习，妻子塞尔玛需要随军驻扎在陆军基地里。由于沙漠干燥高热的气候，加上全然陌生的环境，令塞尔玛感到很难受，而身边又没有可以倾诉的人，陷于孤独的塞尔玛经常给父亲写信，在信中流露出自己想回家的强烈愿望。然而，当她拆开父亲的回信时，只看到短短的两行字：“两个人从牢中的铁窗望出去，一个看到了泥土，一个却看到了星星。”父亲的回信令塞尔玛十分惭愧，她决定要在沙漠里寻找星星。

从此以后，塞尔玛开始与当地人交朋友，互赠礼品，闲来无事，她开始研究沙漠里的仙人掌、海螺壳。慢慢地，她迷上了这里，通过亲身的经历，她写了一本书叫《快乐的城堡》。

沙漠并没有改变，当地的印第安人也没有改变，是什么使塞尔玛的生活发生了巨大的变化呢？是一种适应新环境的心态，假如塞尔玛本身适应能力就较差，那么不管她再怎么努力，也不会改变自己的糟糕心情。

“陌生”这个词儿常常会唤起孩子们内心的胆怯，他们害怕去接触，更害怕从一个熟悉的环境到另一个全新的环境。其实，这样的心理是可以理解的，从陌生到熟悉，需要一个漫长的过程。对此，父母可以引导孩子换一个角度，让孩子发现，所谓的“陌生”其实就相当于一次新奇的探索之旅。父母可以告诉孩子：在陌生的环境里，你会结识新的朋友，新的邻居；你会有一间跟以前全然不同的房间，或许，你早就厌倦了之前的摆设，趁着这个机会不是可以重新装饰吗？

1. 多让孩子接触陌生环境

犹太父母认为，有的孩子到了陌生环境中会不知所措，没办法很快地融入。对于这样的孩子，父母要常常带他们去陌生的环境，让孩子们去发现新鲜有趣的事情，从而增加孩子适应环境的能力。在陌生环境中，父母可以让孩子多结交新环境的朋友，让孩子通过与朋友的友好相处，提高自己适应环境的能力。父母可以先让孩子在熟悉的环境里接触更多的人，等孩子可以顺利地和他人交往的时候，再带孩子走出家门。一旦孩子对陌生环境感到不适应，父母可以拉着孩子的手、抚摸孩子的头等鼓励孩子，让他们在充满安全感的状态下去适应新环境。

当孩子还很小的时候，父母需要引导孩子尽可能习惯陌生人和陌生地方，常常带孩子出去串门，或者去公园和游乐园等，鼓励孩子多参加社交活动，提供孩子和朋友玩的机会。在孩子刚接触陌生环境的时候，父母要让孩子认识到新环境的有趣，只要孩子具备了好奇心和勇气，相信很快就会适应新环境。当孩子在陌生环境认识新朋友的时候，父母要给予鼓励和赞扬，让孩子获得积极的情感体验，自觉地加入陌生环境中，建立和谐的人际关系。

2. 多引导，让孩子适应学校生活

孩子从家庭到学校，因为受到了各种严格规定的制约，以及学习的新内容和作息时间的不同，孩子一时之间是难以适应新环境的。而且，孩子可能会从内心认同某个老师的教学方法，一旦换了新老师，孩子就会出现不适应的状况，对于这些情况，父母要多加引导，让孩子去适应老师。

父母可以告诉孩子，学习是自己的事情，和老师并没有太大的关系，而不同

的老师会有各自的优点，不能总想着以前的老师，这对适应陌生环境是没有帮助的。父母要了解孩子的学习情况，及时发现孩子学习上的困难，凭自己的经验和对孩子课本知识的掌握，指导和帮助孩子。父母要鼓励孩子欣赏不同的老师，尊重老师，心里不要排斥不同老师的教育方法，这样孩子就能更快地适应学校环境。

3. 增强孩子的心理适应能力

犹太人认为，心理素质的优劣往往决定了孩子生活、学习、事业的成败，而心理素质的核心内容之一，就是心理适应能力。这对于提高孩子的综合素质有很关键的作用。只有孩子具备了良好的心理适应能力，才能更好地适应社会环境，对自己所处的陌生环境做出积极的回应。

有的孩子对于自己喜欢的人，就会很快打成一片，不过对于自己不喜欢的人，就拒绝与之交往。有的孩子面对新环境时会胆怯、不知所措，这都是孩子心理适应能力差的体现。而心理适应能力是孩子的心理品质问题，从中可以反映孩子面对新环境时的思想、情绪、行为的控制能力。父母如果希望孩子更好地融入新环境，就必须培养孩子较强的心理适应能力。

4. 偶尔与孩子分开一段时间

犹太人认为，孩子一旦离开父母，就很容易产生焦虑情绪，甚至哭闹，这表明孩子对于没有父母的环境感到恐慌，他们不愿意在陌生的环境里独自生活。缺乏安全感的孩子，一旦父母离开了自己的视线，就会感到茫然。而这对孩子的发展是很不利的。因此，父母需要树立和孩子适当分离的意识，偶尔跟孩子分开一段时间。

日常生活中，父母可以在附近进行观察，在孩子需要帮助时，给予适当的指导，不过不要干扰孩子们的活动，有时可以短时间离开一会儿，不过要清楚地告诉孩子，父母只是离开一会儿，这可以让孩子感到自己是安全的，从心理上接受和父母的分离。比如，孩子上学都需要和父母分离，假如孩子对父母过度依赖，孩子就不容易适应新环境，所以，父母不要时刻守在孩子身边，而应该给孩子留出适当的空间和时间，让孩子在没有父母的世界里学会独立。

5. 教孩子学会情绪调节

犹太父母认为，孩子的情绪会影响孩子的性格以及做事的态度，同时还会决定孩子的人际交往关系是否和谐、人格是否完善。对此，父母要给予情绪不好的孩子适当的关怀和理解，教孩子学会调节情绪。父母要教育孩子客观地看待世界，只要孩子心胸放开了，情绪就比较容易稳定。比如，有的孩子成绩不理想，父母就要引导孩子学会正视现实，继续努力；假如孩子有烦恼，父母就要让孩子学会倾诉，常常和父母以及身边的朋友交流，通过倾诉来调节自己的情绪。

当孩子情绪不好，没办法调节的时候，父母也可以让孩子暂时转移注意力，做自己感兴趣的事情，这样也有利于调节不良情绪。同时，父母还应该让孩子学会控制自己的情绪，待心情平复下来之后再处理事情。比较理性的孩子一旦学会调节自己的情绪，就能很好地适应各种各样的环境，建立良好的人际关系。

家教启示

犹太人认为，当你到了一个陌生的环境，你会有一种新的生活方式，以前那循规蹈矩的生活你早就厌倦了，为什么不趁着这个机会改变呢？而孩子在适应陌生环境的过程中，其实他们一直都能体味到那种“新奇”的快乐，因为所有的东西对于他来说都是未知的、新鲜的，自然也是乐趣无穷的。

培养孩子的独立生存能力

卓越的人一大优点是：在不利与艰难的遭遇里百折不挠。

——犹太教子智慧

犹太父母认为，生存能力是孩子面对未来社会的最可靠资本。平时孩子在家里，衣食住行、吃喝拉撒基本上都有父母的细心照顾，他们一直在父母的庇护下生活，孩子能独立支配的活动和事情很少，因此，孩子的自理能力、独立学习的能力和独立处理事情的能力都比较差。对此，犹太人认为，父母需要提前做好孩子独立生存能力的准备，及早培养孩子独立生存的能力。

讲给孩子的家教故事

美国洛克菲勒家族经历了几个世纪依然繁盛如初，这是为什么呢？那些研究其家族史的人们发现：洛克菲勒家族教育子女尤其认真，特别注重培养孩子的独立生存能力，要求代代自主、自立、自强，这样就保证了旺盛的家族里不出败家子。

有一天，洛克菲勒把儿子抱上一张桌子，鼓励他跳下来，儿子以为爸爸会保护他，就放心地往下跳，谁知往下跳的时候，父亲却走开了，他摔得很重，在地上哇哇地大哭起来。这时老洛克菲勒严肃地对儿子说："孩子，不要哭了，以后要记住，凡事都要靠自己，不要指望别人，有时连爸爸都撑不住，从现在就开始去学会独立吧。"

洛克菲勒家族中的孩子，从小就不准乱花钱，每个孩子可以支配少量的零花钱，即便这样也是要记账的。为了培养聪慧、勤勉、坚强的下一代，洛克菲勒家族在教育孩子时尽量地藏起一半爱，让孩子从小学会独立。当然，洛克菲勒家族这种特殊的教育方式，并不是丢失了另外一半爱，而是爱得更深沉、更科学。

犹太人认为，独立生存能力就是孩子遇事有主见，有成就动机，不依赖他人就可以独立处理事情，积极主动地完成各项实际工作的心理品质，同时，它将伴随勇敢、自信、认真、专注、责任感和不怕困难的精神。

那么犹太父母在培养孩子独立生存能力方面，又是如何做的呢？

1. 在游戏中调动孩子的积极性

在日常生活中，犹太父母喜欢用游戏的方式教导孩子，比如，教孩子自己洗脸，可以采用游戏的口吻："今天妈妈和你比赛，看看谁的脸洗得又快又干净。"然后，父母可以一边示范，一边告诉孩子洗脸、洗手的顺序，这样孩子就会对洗脸产生兴趣。

2. 培养孩子的独立意识

父母需要让孩子懂得生活学习不能完全依靠父母和老师，要慢慢地学会生存、生活、学习和劳动，自己的事情能自己做，遇到问题和困难自己要想办法解决。同时父母需要培养孩子的自我教育能力，在学习生活中，自我观察、自我体验、自我监督、自我批评、自我评价和自我控制等，培养孩子的时间观念，让孩子知道什么时候应该做什么事情并一定做好。

3. 合理安排孩子的闲暇时间

犹太父母会指导孩子对自己近期的时间有一个理智的分析：让孩子看看自己近期要达到哪些目标，各种活动对自己发展的意义有多大等，然后做出一些时间安排，并在执行计划中不断修改。让孩子利用平时的闲暇时间，开展一些有益的活动，比如唱歌、跳舞、下棋等，尽可能培养孩子的兴趣爱好，让生活变得更充实。

4. 培养孩子的生活自理能力

犹太人认为，父母爱孩子是可以理解的，孩子小时候需要父母格外照顾，因此大多数孩子在家里是不做家务的，甚至连自己的个人物品也由父母包办，结果孩子的学习生活一团糟。对于这样的孩子，更要学会自己做事情，比如穿衣服、收拾玩具等，父母一定要培养孩子衣食住行、吃喝拉撒等方面的自理能力和习惯，慢慢减少父母对他们的照顾，学会独立生存。

日常生活中，父母要让孩子按时起床睡觉，学习脱衣服、穿衣服和鞋袜，铺床叠被，学会洗脸、漱口、刷牙、洗手，学会摆放碗筷、收拾饭桌；学会洗简单的衣物，比如小手绢、袜子等。隔一段时间，父母可以要求孩子整理一次东西，这样才能形成独立的生活能力。即便孩子不会做家务，但只要他们养成遇事全力以赴的习惯，就会对孩子的性格产生积极的影响。

5. 从小事情开始培养孩子

父母不要一味代劳，而应该让孩子动手做力所能及的事情，鼓励或间接指导孩子做简单的事情，比如学洗衣服，可以让他洗污渍较少的。最开始要保证孩子能够比较容易地完成任务，再慢慢增加难度，这样才会增加学习自我服务技能的兴趣，而不至于一下子被难倒或再也不听父母的。

家教启示

犹太父母认为，只有了解孩子身心发展的一般规律和孩子的特点，父母才能够有针对性地提出适合自己孩子发展水平的要求，慢慢提高孩子的独立能力，增强孩子的独立意识。

提高孩子的主动交际能力

和太强的人在一起，我会感觉不到自己的存在，交朋友不是让我们用眼睛去挑选那十全十美的，而是让我们用心去吸引那些志同道合的。

——犹太教子智慧

犹太人认为，交际能力对一个人的发展起着至关重要的作用。而一个成功的管理者，专业知识所起的作用是百分之十五，而交际能力却占百分之八十五。在现实生活中，确实是这样，成功的管理者或企业家无不具备突出的交际能力，然而，现在有不少孩子不善于交际，不会交际，甚至害怕交际。实际上，交际也是一种能力，是可以培养的，而且应该从小培养，作为父母，应该有意识地培养孩子的交际能力。

犹太人认为，父母都希望自己的孩子交际能力强，不过他们常常会有一些错误的想法：

1. 认为孩子的朋友越多越好

犹太父母认为，让孩子拥有至少一个固定交往的朋友很重要，假如孩子一个朋友也没有，这显然是不正常的交往状态。但是假如孩子有很多朋友，而彼此之间的友情并不持久，这时父母也要反省孩子是不是在交往上出现了问题。

2. 父母以为的“会交际”的孩子

有时候，父母会认为孩子大声说话，给人开朗的感觉就是会交际。其实大声说话并不比用温和的口吻说话更有说服力，孩子和新朋友的交往也需要一定的基础，比如双方真诚对待、能和朋友分享、能愉快地玩耍等。父母应该明白，在孩子的交往中，能不能维系友情才是问题的关键。

3. 孩子还小，不讲礼貌也没关系

许多中国父母总认为孩子还小，即便不讲礼貌也没关系。但实际上，孩子待人接物的态度在很大程度上会影响他的人际关系，讲礼貌的习惯并不是与生俱来的，可以从小培养。孩子越早懂礼貌，就越容易被身边的人接受。

4. 只有交新朋友才是交际

父母应该明白，孩子的交际并非是成年人的“公关”，认识新朋友虽然可以提高孩子的交往能力，不过和家人的和谐相处也可以看出孩子的交往能力。毕竟，孩子的大部分时间都是和家人在一起的，而让孩子学会和家人和谐相处是他人际交往的基础。

5. 孩子只应该和聪明的孩子交往

我们经常会听到父母这样的训斥：“不要和笨孩子一起玩。”他们希望孩子结交那些聪明的孩子，父母所认为的聪明就是学习好，比如成绩好或英语说得好。实际上，父母在无意中给孩子灌输的这种思想，对孩子的人际交往是极其不利的。

犹太父母认为，应该让孩子知道，每个人都有自己的弱项和强项，即便孩子的朋友在某个方面不如自己的孩子，但是别人的优点依然是值得学习的。除了学习成绩好之外，比如对人有礼貌、能够替别人着想等好的品质也应该学习。

6. 父母代替孩子去交际

一些父母在孩子交往问题上表现得十分好面子，有时会担心孩子不会交往，就索性代替孩子去交往。比如，遇到虚荣心强的父母，每当他带着孩子出门遇到熟人，还没等孩子开口，父母就先说：我们家孩子胆子就是比较小，内向，羞怯。结果，孩子即便想说话，也不敢开口了。当父母代替孩子交往的时候，其实是在保全自己所谓的“尊严”和“面子”，这样做尽管父母保全了面子，但却让孩子失去了宝贵的交往机会。

在培养孩子交际能力方面，犹太父母是怎么做的呢？

1．创造孩子与人接触的机会

犹太父母在孩子会走路时，就给孩子创造与外人接触的机会。比如，每个星期带孩子去商店，可能的话，每天都会带孩子到热闹的地方。孩子尽管不能与别的孩子一起玩，不过他却愿意看着，他可能会站在很近的地方盯着看，或很严肃地把手里的东西给别人，然后又拿回来，到孩子大一点时，他就可以与别的孩子一起玩得很开心了。

2．鼓励孩子交往

犹太父母总是帮助孩子结交朋友，鼓励孩子交往，并给予孩子自由选择玩伴的权利。父母常常请一些小朋友到家里玩，让他们一起做游戏、听故事、唱歌、跳舞、画画，慢慢培养孩子与同伴交往的习惯。即便在玩耍的过程中，孩子之间发生了冲突，父母也不要强行带孩子回家，更不要责备孩子，最好的做法就是从中调停，让孩子们自行解决冲突，友好相处。

3．培养孩子谦让、包容的性格

孩子在最开始交往时会出现一些不友好的态度，比如，他会说“你不要到我家里来”，或者直接把朋友推出去，或者抢走其他伙伴手里的玩具，不愿意把自己的玩具分给朋友。孩子的这些不友好的态度，很大程度上是受成年人的影响，父母应该正面教育孩子，培养孩子谦让、礼貌的性格。

4．鼓励孩子参加体育活动

犹太父母认为，体育是一种直接与人正面接触和竞争的活动，不管是球类还是田径赛，总是要有两个以上的人参与才有意义。而且，体育活动不仅需要智慧和理论，而且需要胆量。父母鼓励孩子常常参加各种体育活动，这不但有利于提高孩子的身体素质，培养孩子的兴趣，同时还有利于提高孩子的交际能力。孩子一旦喜欢上了体育活动，就会寻找对手，而合适的对手就是友谊的伙伴。

5. 经常带孩子一起旅游

犹太人认为，父母可以利用节假日和孩子们一起走出家门，走向社会，这可以培养孩子的兴趣，开阔心胸。旅游是一种开放性活动，交际也是开放性的，这两者是相通的。在旅游过程中，需要买车票、住旅馆、购门票，如果父母有意识地让孩子去做这些事情，孩子就可以直接接触到一些新鲜事物，了解交际内容。

6. 让孩子独自去购物

父母可以根据孩子年龄的大小，让他们进行小件物品的购买活动。年龄较小的，可以让他们买油盐酱醋，年龄稍大的，可以让他们买鱼、肉、米、煤等，也可以让他们买鞋子、袜子、手套之类的。如果家中有旧报纸、旧衣服、空酒瓶等，可以让孩子去收购站卖。在商品交易中，让孩子接触到各种各样的人，有利于丰富交际对象和加深对人的了解和认识，从而提高自己的交际能力。

7. 让孩子独自串门或接待客人

如果孩子要去同学家串门或去亲戚家做客，让他独自去，这都是锻炼孩子交际能力的机会。毕竟串门或做客都需要寒暄，更需要交谈，如果孩子和父母一起去，那孩子就是附带的，不用应付，没有压力。如果让孩子一个人去，他就是主角，与对方的一切接触都得由他自己来应酬，他不得不考虑怎么样交际。如果家里来了客人，不妨让孩子去接待，尤其是与孩子年龄相仿的客人，父母千万不要包办代替。

家教启示

犹太父母认为，许多父母错误地认为，交际能力是天生的，无所谓培养不培养。其实，交际作为一种能力，是后天慢慢形成的，而培养的方法就是实践。交际是一种思想、观点和感情的碰撞，在频繁的交际中，双方往往可以获得启示，获得灵感。

放手让孩子自己去闯荡

真正能够自己飞翔的鹰，才是真正的鹰。

——犹太教子智慧

犹太人认为，孩子终究要离开父母走向社会的，不可能在父母双翼的保护下生活一生。犹太父母经常说的一句话就是鼓励孩子走出家门，让孩子自己去接触社会，社交能力是在和别人的交往中实现的，没有交往，社交能力又从何谈起？也许每个做父母的都应该学习一下犹太父母这种教育方式，不要总是将孩子放在温室里保护着，而应该让他们接受历练，只有这样，孩子才能身心健康地成长。

现在很多父母都为孩子操心过度，怕孩子这也做不好，那也做不好，事事都为他们代劳，这样就会导致孩子失去锻炼机会。犹太父母觉得人离不开社会交往，如果小时候不注重锻炼社交能力，长大后就会经常碰壁。为了锻炼孩子的社交能力，他们经常鼓励孩子走出家门主动与人交往。

讲给孩子的家教故事

小鹰的羽翼已经丰满，但是它却从来没有捕过食，甚至不会飞翔。鹰爸爸很着急，心想：小鹰不会飞翔，不会捕食，假如自己不在了，它会饿肚子的。于是鹰爸爸传授小鹰飞翔的技巧，告诉它怎样鼓动翅膀最省力，然后让小鹰自己离开巢穴去练习。然而小鹰好吃懒做惯了，它害怕一离开巢穴，还没有张开翅膀就掉到地上，因此，不管爸爸怎么说，它就是不肯去练习。

有一天，鹰妈妈外出觅食时不小心受了伤，这样生活的担子就落到了鹰爸爸的身上，鹰爸爸每天早出晚归地捕食，依然不够它们食用。鹰爸爸和鹰妈妈商量说：“我们越来越老了，总有一天会彻底失去捕食的能力，假如不让小鹰学会自己飞翔捕食，我们走了以后它自己就没办法生活了。”于是，它们决定尽快让小鹰学会飞翔。

鹰妈妈不顾小鹰的抗议，把巢穴里的羽毛、树叶等铺垫物，一点点扔到外面，直到树枝上的刺扎得小鹰离开了巢穴，站到了树枝上。鹰妈妈说："跳下去吧，孩子，在跳下去的时候使劲拍打翅膀，这样你就能飞起来了。"但是小鹰还是不愿意跳，它嚷道："我不跳，我的翅膀还不能飞，我会摔死的。"鹰妈妈说："你爸爸在下面看着呢，不会有事的。只要你使劲拍打翅膀，就能飞起来，你张开翅膀，就不会摔到地上。"但是小鹰还是不愿意尝试。

鹰妈妈实在没办法，只好狠下心，扑着翅膀把小鹰推下了树枝。只听小鹰尖叫一声，然后本能地拍打起翅膀。过了一会儿，小鹰发现自己并没有摔死，睁开眼一看，原来自己已经飞起来了，尽管飞得不高也不快，但确实飞起来了。

小鹰非常高兴，不停地盘旋着，大声地喊道："我飞起来了，我飞起来了，我自己飞起来了！"这时一个声音在它的耳边响起："我的孩子，你总算能自己飞起来了，现在你才算是一只真正的鹰。"原来，鹰爸爸一直跟在小鹰的身边，小鹰高兴地说："我明白了，谢谢你们！"

犹太父母经常给孩子讲这个小故事，鹰妈妈在锻炼小鹰的飞行能力时，经常将小鹰带到很陡的悬崖峭壁上，然后将它们逐一地推到悬崖的边上，会飞的小鹰就活了下来，不会飞的小鹰就这样跌落悬崖。鹰妈妈为了让小鹰能够在以后飞得更高、更远，只好选择这种残酷的方式。

1. 注重孩子社交能力的培养

犹太人认为，父母如果很少锻炼孩子的说话能力，在与人的相处中，孩子容易显得不合群，甚至让人很难接受他。这样的孩子进入学校以后，很难适应学校生活，在与同龄人玩耍的时候，经常会变得很急躁，容易发生激烈的争吵，甚至出现打架行为，以致最后被人孤立。

所以，在孩子还小的时候，父母就应该不断培养孩子的社交能力，鼓励孩子走出家门，孩子就会主动和同龄人交往。孩子在遇到问题的时候，先让其自行解决，如果实在解决不了，父母再给予帮助。这样一来，孩子就会形成主动解决问题的习惯。在解决问题的过程中他会向自己的小伙伴求助，大家就会齐心协力将问题解决。

2．让孩子独立解决自己的事情

犹太人认为，为了让孩子形成这一美德，父母在家中应该不断地向孩子灌输这方面的知识。在孩子很小的时候，孩子的问题，如果能自行解决，就让他自己解决，家里的大事，如果孩子想知道的话，允许其发表自己的意见，不要以为孩子小，就将其推开。这应该是锻炼孩子良好表达能力的时候，更不应该将其忽略。父母应该多给孩子讲一些如何与人分享、团结就是力量、如何增强自己的社交能力等方面的故事，让他们从小就知道，人活一世，重要的就是与人交往。

3．打通孩子和别人交往的门

犹太父母经常为孩子打通和别人交往的门。让孩子去找自己的小伙伴玩，邀请小伙伴到自己家里来做客；外出做客时，经常带着孩子，让孩子仔细留心大人之间的礼节。家中来客人时，将孩子主动介绍给大家，并让孩子招待客人。家里需要什么东西的时候，可以让孩子代劳，这样无形之中就培养了孩子的社交能力。

4．鼓励孩子的进步

随着孩子的成长，孩子与人交往的能力会不断提高。这时候，父母应该细心地留意孩子的各种进步表现，并且与孩子分享，让他也知道自己的进步有多大。课堂上的一次勇敢地发言，热情地邀请同学来家里做客，积极主动地帮助别人……这些举动虽然微不足道，但是对于孩子而言，就是一笔无形的财富，随时鼓励着孩子不断前进。

家教启示

现在的父母注重为孩子铺路，不顾一切地让孩子进各种辅导班，在孩子面前树立父母的威信。犹太父母认为，孩子的成长最主要的还在靠自己，作为父母，应该大胆让孩子到社会实践中去锻炼自己、去闯一闯。毕竟孩子的个性是天然的，父母不能把自己的想法强加给他，父母要注意对孩子的引导，让他们形成一种正确的人生观。

第12章

犹太人的财富教育课：培养孩子从小就树立正确的金钱观

世界上流行着这样一句有趣的话：“全世界的钱都在美国人的口袋里，而美国人的钱却在犹太人的口袋里。”在美国，尽管犹太人仅占人口总数的2%，但是三分之一的百万富翁却是犹太人。最令人折服的是犹太人惊人的财富和赚钱能力，而这与他们小时候所受的独特的家庭财富教育有着很大的关系。

引导孩子正确认识金钱

如果你懂得使用，金钱是一个好奴仆，如果你不懂得使用，它就会变成你的主人。

——犹太人的教子智慧

犹太人一致认为金钱是他们世俗的上帝，世俗的上帝要比精神的上帝实在得多。在犹太人眼中，金钱无所谓高低贵贱之分，没有善恶之别，如果硬要说有什么区别，那就是使用者的好恶了。金钱如果在善意的人手中，就会生钱，而且会被用到正确的地方；金钱如果在恶人的手中，那么把它从这些恶人的手中赚回来，钱就会再次变为“好钱”，这也算是做了一件善事。犹太人对金钱的崇拜不亚于对上帝的崇拜，他们甚至直接将金钱定义为上帝，这种赤裸裸的对金钱的崇拜，让他们赚取了世界上无数的财富，让其他人羡慕不已。

在犹太人的思想中，主观对钱的性质进行定义是非常愚蠢的行为，同时也是一种无效的行为，因为金钱并无善恶好坏之分，只是用它的人不同而已。“人有钱就会变坏”，在犹太人看来这种说法是不恰当的。因为他们认为，使人变坏的并不是金钱，而是人的贪婪，贪婪是使人变坏的最根本原因。如果一个人心境是好的，那么即使他拥有再多的钱也不会变坏。只有贪婪的人才会在金钱面前变坏，为了拥有更多的钱，他们会不择手段。金钱的使用是分善恶的，既可以用钱去倒卖军火、贩卖人口，也可以用金钱去建造学校、教堂，如何用钱，如何将钱的价值最大限度地发挥出来，取决于持有金钱的人的态度。

讲给孩子的家教故事

美国的石油巨子洛克菲勒，是个善于运用金钱的人。

有一次，公司打算盖一间仓库，请来两个犹太裔的建筑工人。这两名工人是一对兄弟，哥哥叫约翰，弟弟叫威廉。仓库盖好后，兄弟俩便到洛克菲勒办公室去领工资。洛克菲勒对他们说："赚了钱应该储蓄起来，现款假如到了你们手中，一定很快就会花光，不如把它换成公司的股票，作为你们的投资，怎么样呢？"约翰听了，觉得这样很不错，当场就答应了。但是威廉不愿意，坚持要领现钱。

结果不出洛克菲勒所料，没过多久，威廉就把钱花光了；而约翰因为公司股票涨价，赚了不少钱，没过几年就成了一个大富翁。

犹太人对赚取金钱的态度是狂热的，虽然许多人也有这样的想法，但却很少将自己的意图挂在嘴边，而犹太人会将金钱观赤裸裸地展现在我们面前。他们在有了明确的目的后，会全身心地投入到赚钱的过程中。犹太人对金钱的追逐态度，为他们赚取了举世瞩目的财富，他们成了世人关注的焦点。经过"二战"的洗礼，他们不但没有被打压下去，反而更加强盛，这与他们的金钱观不无关系。他们知道，在这个世界上，只有金钱是一直适用的。对犹太人来说，金钱是他们须臾不可少的东西，所以他们会将金钱视为生命中追求的东西。

或许，批评金钱的人经常批评有钱人的自私，但不可否认的是，金钱的确是推动世界前进的动力。犹太人对金钱的追求简单而实用，他们知道，钱可以为他们带来很多他们想要的东西，所以他们不会停止追逐金钱的脚步。

犹太人在教育孩子时，会有意识地引导孩子正确认识金钱：

1. 钱是怎么来的？

犹太人认为，应该让孩子知道金钱的来源。父母必须让孩子懂得金钱是需要用劳动换来的，比如，带着孩子在大街上观察，引导孩子注意交警进行交通指挥、小商户叫卖东西、出租车司机开车等劳动形式，告诉孩子这些人都是在工作，只有付出了劳动，才会得到金钱的报酬。父母可以让孩子了解自己的工作内容、工作方式等，适当时可以让孩子参加一些劳动。

2. 钱有什么作用？

犹太人认为，需要让孩子知道金钱的用途，让孩子比较浅显地理解"钱不是万能的，但没有钱是万万不行的"道理。父母可以从平时的家庭经济活动中，比如买衣服、买菜等，引导孩子认识到金钱可以满足自己的日常生活所需，有了钱，可以追求更高层次的消费，还可以帮助别人等，利用这些机会引导孩子正确认识金钱。

3. 引导孩子正确使用金钱

父母应该引导孩子正确地使用金钱，合理有计划地消费。在中国，独生子女比较多，父母给孩子的零花钱通常比较多。父母应该让孩子意识到，对于钱是不能过分贪求的，但也不应该过于吝啬，应该合理消费金钱，每一分钱就是一个教育，父母适当给孩子一些零花钱，让孩子学会正确地花钱，教育孩子钱要用在重要的地方，花得有意义，比如引导孩子买文具、买书。父母还可以给孩子讲讲那些偏远山区孩子的故事，让孩子明白并不是每个人都可以上学，有的孩子没有父母，也没有漂亮衣服可穿，让孩子懂得关心他人，鼓励孩子把零花钱捐给灾区的小朋友，或是在长辈生日之际买份礼物，这样可以让孩子从合理消费中体味到乐趣。

家教启示

犹太人认为，父母一定要注重发挥自己的表率作用，在教育孩子的同时，要严格要求自己，做到合理消费，这样才能让孩子更深刻地认识到合理消费的重要性，假如父母言行不一，教育效果就会大打折扣。

培养孩子赚钱的能力

你不应在用钱方面节省，而应去想怎么干活才能多挣钱。

——犹太教子智慧

犹太人是世界上最聪明的商人，据不完全统计，现在居住在美国的犹太人大概有 580 万人，而在以色列仅有 460 万人，这是一个惊人的数字，居住在自己国家的人居然还不如迁居到其他国家的人多。美国是世界经济大国，“全世界的经济大权掌握在美国人手中，而美国的经济大权又掌握在犹太人手中”，无论这是不是真实的，都可以从另一个方面证明犹太人做生意的成功。

犹太人做生意技高一筹，因为他们已经将世界上的主要赚钱来源分析得一清二楚。他们将赚钱的目标锁定在女人和嘴巴上。女人是金钱的实际使用者，世界以男人为中心，而男人又以女人为中心，金钱始终围绕着女人转。他们对此的总结是：男人是赚钱的人，他们的钱不好赚。女人是花钱的人，她们的钱好赚。嘴巴是另一个赚钱的主要来源。世界上拥有将近70亿的人口，嘴巴是消费的无底洞，这将是多么大的一笔财富啊！

讲给孩子的家教故事

施特劳斯是个犹太人，他亲手创办的“梅西”公司是专门经营女士用品的。最初他只是一个小商店的店员，在漫长的打工生涯中，他发现了一种有趣的现象：购物的客人多为女性，男士很少光顾，即使有也是陪女性一起来的，财政大权几乎都掌握在女人的手中。后来经过仔细的思考，他专门做起了女人的生意，自己开了一家小店——“梅西”，专门经营女性时装、化妆品和手袋等。经过几年的经营发展，小店的生意逐渐兴隆，他继续沿着这个方向走下去，不断扩大公司的规模，开始经营金银首饰、钻石等名贵饰品。在纽约的梅西公司，共有六层，其中，两层专卖女性时装，化妆品占一层，金银首饰和钻石占一层，另外两层卖一些综合商品。由此可见，女性商品在其公司产品中所占的比例。正是凭借做女人生意，施特劳斯终于取得成功。

世界上的大部分金钱通用以下原则：男人围绕着女人转，女人围绕着化妆品、服饰转，而金钱就掌握在女人的手中。女人是世界上一个很大的消费群体，围绕着女人的产业也是经久不衰的。犹太人很早就看透了金钱的使用法则，所以他们才能作出如此精辟的论断。爱美是女人的天性，女人可以不厌其烦、不知疲倦地购物，只要能够买到称心如意的东西，即使再累，她们也毫无怨言。而且，女人一旦看到心仪的东西，无论多贵，都会花钱买下来。犹太商人就是看透了女人的天性，才能不断地在女性用品的生意上财源滚滚。

犹太父母在教育孩子如何赚钱的问题上，积累了丰富的成功经验。或许，许多父母表示疑问：如何教孩子赚钱呢？孩子年龄小就开始教显然比较早，不过等到上学之后，学业负担开始加重，每周能休息一天就差不多了，实在想不出有什么时间教孩子赚钱，以及如何教孩子赚钱。但是，犹太人认为，越是这样，孩子的理财教育就越迫切而需要。孩子过着衣来伸手饭来张口的日子，每天向父母要零花钱，长此以往，孩子难以具备独立生活的能力。假如孩子具备了赚钱的能力，他就会恰当地分配金钱，而不至于在未来生活中陷入财务困境。

1. 培养孩子的赚钱能力

通过家务劳动来获得报酬，是犹太父母教育子女的传统方式之一。犹太人摩根靠卖鸡蛋和开杂货店发家，发家后对子女要求十分严格，规定孩子每个月的零花钱要通过做家务来获得。于是家里的几个孩子抢着干活，最小的孩子因为总是抢不到活，连每天买零食的钱都无法获得，因此十分节约。摩根对孩子说："你不应在用钱方面节省，而应去想怎么干活才能多挣钱。"孩子醒悟了，他想了很多干活的主意，零花钱慢慢多了，他懂得了赚钱比省钱更重要的道理。

当然，并不是在家里做每件事情都需要给孩子报酬。父母应该让孩子知道，在享受这个家庭带给自己的幸福之外，还应承担对这个家庭的责任和义务，而家务就是自己必须承担的义务之一。

2. 引导孩子发现"赚钱的机会"

父母可以在生活中教会孩子主动发现一些商机，比如，引导孩子逛二手交易市场，将孩子自己读过的书籍、报刊带到学校里，几个人摆一个小型的书摊，孩子们自己定价、互相砍价，这样做不仅可以将旧书处理掉，而且还可以将处理后而得到的钱用在其他地方。当然，熟悉金融方面的父母可以鼓励孩子把金钱积攒起来，教会孩子储蓄或稳健投资等一些最基本的理财技巧，因为把自己赚来的钱积攒起来，同时感受金钱在储蓄账户里不断增多，这对孩子来说比较神奇。

犹太人迈克尔说："我儿子 16 岁时，找到了一份在当地电影院卖爆米花和糖果的零工，我和妻子决定，孩子在电影院打工每赚到 1 美元，我相应拿出 1 美元存入他的个人退休账户。儿子大学毕业时，我们在他的账户里存入了最后一笔钱。多年以来，我和妻子用这种方式为他投资了 10682 万美元，现在他的账户里有 14684 万美元，这对于一个 22 岁的年轻人而言，已经十分不错了。"

3. 教会孩子学会投资

犹太人认为，赚钱和投资是不一样的，赚钱的目的是让孩子意识到收入是与自己的劳动相关的，而投资则不一样，投资的本质是用钱生钱，让孩子懂得只要巧妙运用投资工具，就可以实现资产的增值。尽管许多中国父母提倡为孩子开户投资基金，甚至购买股票，表示这是成长基金，但是父母忽略了让孩子参与到其中。这样一来，资金虽然积累了，孩子很有可能成为只知道享受的消费者，却没办法升级成为一个让资产增值的投资者。假如孩子从小就了解一些简单的投资知识，等孩子有自己的资产时，他就知道如何用钱生钱。

4. 把股票作为生日礼物送给孩子

犹太人对孩子的理财教育有一套独特的方法，他们会把股票送给刚满周岁的孩子，这是犹太民族的惯例，特别是北美的犹太人更是这样。这种长期灌输的投资理念会影响孩子，从而让孩子对投资产生兴趣。

家教启示

犹太商人之所以在事业上取得如此成功，不仅是因为他们抓住了机遇，更是因为他们有一双能发现商机的眼睛，能够及时地抓住到手的机遇。犹太人认为，从小就应该培养孩子的赚钱能力，同时灌输一些理财技巧，这样孩子在未来才会积累越来越多的财富。

财富源于孩子智慧的大脑

财富源于充满知识的智慧大脑。

——犹太教子智慧

精明的犹太人之所以不断赚取越来越多的钱财，不是因为他们多能吃苦、多努力，而是因为他们拥有精明的头脑，能让智慧不断地迸发，变成实实在在的钱，并赚取更多的钱。犹太人之所以会有无数赚钱的想法，是因为他们善于动脑，能在别人习以为常的地方看到无限商机，并运用自己的聪明才智将它变成切实可行的赚钱方案。

讲给孩子的家教故事

20 世纪 90 年代后期，一个犹太商人到中国一家服装厂参观，工厂的老板负责陪同。在参观过程中，老板滔滔不绝地向犹太人讲述工厂的历史和文化以及工厂的经营状况。这时，犹太人在一个女工的工作台前停下了，他问老板："这些女工平均每小时的工资是多少？"老板立刻愣住了，他思考了一下，说："这……她们每月的薪水是 850 元人民币，每个月工作 25 天，每天就是 34 元，一天工作 8 小时……"老板还没有算清楚时薪，犹太人却脱口而出："啊，每小时 0.5 美元。现在人民币对美元的汇率是 8.5 ∶ 1。"

他们不仅知识渊博，而且为了能够验证脑中的赚钱方式是否有效，犹太商人在经商之前一般都要进行心算能力训练，这样就能在很短的时间内算出自己在某件事情上有多少利可图，到底能不能挣钱。犹太人为了想到更多的赚钱方法，经常采取一切方式，哪怕入乡随俗，学习另一个民族的文化，或接受另一个民族的传统。他们经常在熟悉了异族文化后，再仔细思考真正有利于自己赚钱的想法。

犹太父母在教育孩子的时候，尤其注重头脑知识的武装，因为他们知道这才是孩子一生的财富：

1. 让孩子学会精打细算

一个在中国生活的犹太人，从一个看门人，逐渐变成一个靠出租房子赚钱的小房地产商。有钱以后，他处处精打细算。一个修鞋匠在他的房产附近摆了一个小鞋摊，他每个月收取人家五块钱的租金；别人都是按阳历来收房租，而他却按阴历来收，因为他发现阴历每个月只有 29 天或 30 天，每三年有一个闰月，他就可以平白无故地多收一个月的房租。就这样，在短短几年时间里，他赚取了大量的财富。

当然，让孩子学会精打细算并非要孩子吝啬，不愿意花钱，而是懂得把钱花在刀刃上，省去一些不必要的开销。同时父母还要教育孩子多注意观察生活，说不定商机就隐藏在里面，只需要我们发现和加以利用。

2. 不要占用太多的休息时间去赚钱

犹太商人的赚钱头脑不仅体现在事业上，更体现在他们的休息时间上。他们不会占用自己的休息时间去赚钱，因为休息时间被占用，他们的寿命就会缩短；相反他们的寿命就会延长，这样他们就有更多的时间去赚钱。延长寿命赚的钱要比他们加班赚的钱多，于是他们不会为了赚点加班费而占用自己的休息时间。为了让自己头脑中的赚钱想法越来越多地变成实实在在的钱，他们是不会透支自己的身体的。有了好身体，自己头脑中的赚钱想法才会变成现实；没有身体的保障，一切都是零。

父母需要告诉孩子，身体健康才是革命的本钱。不仅需要学会赚钱，同时还是注意休息，假如因为赚钱而把身体累垮了，那是得不偿失的。所以，父母从小就要教育孩子珍惜自己的身体，该休息时就休息，不要疲于拼命地去赚钱。

3. 引导孩子拓展人脉网

精明的犹太人很早以前就认识到人缘在事业上的推力，所以他们才会不惜血本，构建自己的人际关系网。正是这个人际关系网，在最为关键的时候，给他们带来巨大的经济效益。人缘的功效不是立竿见影的，而是一种厚积薄发、左右逢源的人际渠道。父母需要引导孩子拓展人脉，多交朋友，平时与自己一起赚钱的小伙伴需要经常保持联系，为日后合作打好基础。虽然，在赚钱上，不建议多人合作，但是对于孩子而言，还是可以找人合作，毕竟他们年龄还小，一些东西考虑的还不周全。

家教启示

犹太人经常能够想出一些赚钱的妙招，这得益于他们细致的观察力，能够注意到别人经常忽视的细节，并从这些细节中发现巨大的商机。犹太人一般知识比较渊博，这使他们能在适当的时候发现最佳商机。如果知识储备不够，即使商机近在眼前，也会视若无睹。所以，为了积淀更多赚钱的思想和观点，同时拥有更多的赚钱渠道，他们经常会读很多书，他们每年人均读书量是世界上最多的。

培养孩子拥有一技之长

每个人的长处和优点便是本人的金饭碗。

——犹太教子智慧

犹太人在世界上占有重要的一席之地，这与犹太人自古传承下来的一些习俗有关。古代的犹太人有一个习俗，那就是父亲必须教给孩子一技之长，以便孩子长大以后可以自力更生。当今世界上，拥有一技之长的人，是行走于各处都不会失业的人。律师、医生、教师等都是拥有一技之长的人。拥有一技之长，你就在某方面知道得比别人多，技术比别人精湛，只有这样，才能在社会上拥有立足之地。当今世界竞争尤为激烈，拥有一技之长已经成为安身立命之本。

几乎所有有成就的犹太人都有一技之长，他们会在自己精通的领域里做出一番成就。这与他们从小接受的教育有关。因为犹太父母会在孩子很小的时候，就给他们灌输一些谋生的知识，孩子在十三四岁的时候，几乎可以自立谋生了。他们从小就懂得要想以后多赚钱，必须有自己的独特之处，只有这样，才能成就一番事业。

讲给孩子的家庭故事

梅耶·罗斯柴尔德出生于一个备受歧视的犹太人居住区，在梅耶 10 岁的时候，父亲便开始向他传授做生意的方法，梅耶不但从父亲那里学到了赚钱的技巧，还培养了对古钱币和古董的兴趣。他十分热衷于收集中东、俄国以及欧洲的古旧钱币，加以整理出售。终于有一天，他得到一次向一位将军兜售古钱币的机会，他把收集到的古钱币统统拿出来给将军和他的朋友看，并侃侃而谈每一枚钱币的来历和典故。尽管他年仅 20 岁，可他渊博的知识和幽默的谈吐，吸引了每一个人。梅耶心想这是一次千载难逢的机会，于是，他针对顾客处于上流阶层这一特点，为古钱币生意开辟了一条独特的途径，并下工夫造了一个一般商人无法做到的噱头：他将古钱币以邮购的方式推销给各地的皇亲贵族，还把稀罕奇珍的古币图片做成精美的画册，并附上亲笔信，寄给那些潜在顾客。一天，他受到当地的领主比海姆公爵的召见，梅耶便以几乎是赠送的价格，不惜血本地卖给公爵他珍藏的古代徽章和钱币。

梅耶十分清楚，要想在这个犹太人备受歧视的社会里脱颖而出，接近手握大权的领主并博其欢心是最有效的手段。他就利用这次机会博得了领主的欢心，同时还帮助公爵收集一些古钱币，极力帮助公爵赚钱。就这样，他不仅赢得了领主的信任，还与其建立了深厚的关系，同时他也获得了丰厚的收益。这种做法以后成为罗斯柴尔德家族的一种基本策略被延续了下来。在梅耶 25 岁那年，他获得了“宫廷御用商人”的头衔，在他 45 岁那年，法国大革命爆发，比海姆公爵做起了军火生意，梅耶于是借着公爵的威望和便利，牟取了暴利，为罗斯柴尔德家族奠定了不可动摇的根基。后来，他的家族在 100 多年中积累了 4 亿英镑的惊人财富。

梅耶正是凭借自己的一技之长成就了罗斯柴尔德家族的今天，他的一技之长为他以后的事业打下了坚实的基础，使他在一个犹太人备受歧视的社会里依然能创造出骄人的成绩。

几乎所有犹太人都坚信拥有一技之长是赚取财富的钥匙。犹太人自古就以经商闻名世界，他们一直秉承着追求财富的传统信念，而拥有一技之长是赚取财富的捷径。于是，几乎所有犹太人都会学习一技之长，这不仅与他们自身所受的教育有关，更与他们身处的文化环境有关。犹太人一直奔波于世界各地，在动荡的年代里，他们只有依靠一门技艺才能在世界上行走。这本是他们不得已的选择，在经过无数风雨的洗涤之后，这种习俗被当作优秀的传统传承下来，世世代代的犹太人获益终生。

由于遗传因素、环境因素和所受的教育不同，孩子的特长也各不相同，有的想象力比较丰富，有的逻辑思维能力强，有的喜欢歌舞，有的喜欢运动。作为父母，需要了解孩子的情况，只要他的兴趣爱好是积极健康的，就应该大力支持，保证其特长的锻炼时间和必要的物质条件，及时了解孩子的活动情况，注意发展的目标和方向。

然而，许多父母在认识上出现了偏差，对孩子特长的教育产生几个误区：把孩子送到特长班学习，这对于很多孩子来说是不情愿的，报名参加特长班学习完全是父母的一厢情愿。假如孩子对所学的内容缺乏兴趣，不仅收不到应有的效果，反而会阻碍孩子情商和智商的正常发展。对于孩子的兴趣和爱好，父母要注意引导，激发孩子的学习兴趣和学习欲望，但许多父母并没有做到这一点，当孩子对学习某种特长感到厌烦的时候，父母不是引导，而是采取强迫措施逼着孩子去学。

1. 父母需要有正确的认识

孩子教育的内容是比较广泛的，包括知识教育、品德教育以及技能教育等，特长教育不过是技能教育的一个组成部分，父母不宜看得过于重要，可以将其看成是对学校教育的补充，在孩子力所能及的情况下进行，以免产生不良后果。

2. 父母的教育方法要正确

犹太人认为，特长教育不同于学校教育，特长教育主要是培养孩子对某些技能学习的兴趣和欲望，所以在教育过程中应有张有弛，松紧有致，父母要给予孩子足够的自由活动时间，让孩子在玩中学习，在学习中玩耍，这样才会起到很好的教育作用。

3. 培养孩子的特长应适度

犹太人认为，一技之长是敲开财富大门的钥匙。这里所说的是一技之长，是指有专业的精湛的技能，而非滥竽充数。对孩子的兴趣，选择适当的特长培训班，而非滥学。特长并非越多越好，只要刻苦钻研一门技能即可。当然，特长教育并非越早越好，在正确的时间选择正确的特长教育才是合适的。

家教启示

犹太人认为，一个孩子所取得的某项突出成绩，往往与他的特长有密切关系，特长的灵感常常促使一个人在事业上获得重大突破。所以，父母在鼓励孩子全面发展的同时，还需要注意孩子特长的培养和发展。

教会孩子理财的方法

一个人一生能积累多少钱，不取决于他能够赚多少钱，而取决于他如何投资理财，人找钱不如钱找钱，要知道让钱为你工作，而不是你为钱工作。

——犹太教子智慧

犹太人经常说的一句话是“赚钱不难，花钱不易”。确实如此，在犹太人看来，行行可赚钱，只要做得好，赚钱不是难事，但是会赚钱的人却不一定会花钱，只有会理财的人，才能将自己的钱花得恰如其分，同时又能更有动力和信心去赚取更多的钱。犹太人认为，赚钱重要，理财更重要，理财的成败，直接决定着自己事业的成败，会理财就是会赚钱。

理财就是管好、用好钱财，使其发挥最大的效用。犹太人的理财不同于其他人，他们理财的目的是用钱赚更多的钱，用余钱进行投资，使之产生最佳的效益，也就是用钱生钱。此外，犹太人理财还是为了从财务的角度进行人生规划，利用现有的经济条件，最大限度地提高自己的人力资源价值，为职业发展作准备。

讲给孩子的家教故事

犹太人在研究了成功商人的致富之道后，发现了理财的五个法则，每个法则都是创造财富的法宝。这些法宝能使你拥有的财富增加 5 ~ 10 倍。

理财的第一个法则是要有理财的意识。比如，我怎样才能在这家公司更有价值？我怎样才能在短时间内创造更大的价值？采取什么方法可使公司在竞争中更有优势？

理财的第二个法则就是不要让自己的支出超过收入。否则，不管自己有多少钱，也无法存下来。

理财的第三个法则是不断地增加你的财富。如果你想加快自己致富的速度，就用自己以前赚的利润进行投资，而不是将其花掉。这样做就会让自己的钱利滚利，钱就会成倍地增长。

理财的第四个法则是保护你的财产。有些人有钱以后，就会对自己的财产提心吊胆。因为人一旦有了钱，各种各样的控诉也会跟着涌来。其实这没什么好担心的，“是福不是祸，是祸躲不过”，只要现在还没有官司缠身，就赶紧用合法的渠道将你的财产保护起来吧。

理财的第五个法则是懂得享受财富。犹太人懂得享受生活，他们挣钱的目的就是享受生活，所以他们经常犒劳一下自己，让自己有动力去赚取更多的财富。经常出其不意地给自己制造一些小奖励，会让自己对理财更有信心。

犹太人经常将理财看得和赚钱一样重要，甚至更重于后者。无论赚多少钱，如果没有正确的理财观念和方式，最后也会被挥霍一空。正确的理财方式会让自己的钱越来越多，这样的理财方式不仅能为自己积累更多的财富，还能为自己退休以后的生活打好经济基础。

犹太人花钱自有一套方法，据说现在被大家推崇的“信封法”就是犹太人发明的。这种方法是指每个月领到薪水后，把用来储蓄和投资的钱，放入第一个信封，这笔钱是不能动的，因为这是未来的钱。第二个信封里放伙食费，用于本月的伙食开支，严格控制开销。第三个信封命名为文化生活和社会交际，里面的钱先用于保证必要的人情往来和应酬，剩下的就是犒劳自己的花费，买些书或者看场电影……当然，信封只是个形式，关键还是自己要具有理财意识，不管是孩子的学费还是妻子的化妆品钱、丈夫的酒钱，都不能动用用于投资的钱。

在教育孩子理财方面，犹太父母是这样做的：

1. 训练孩子有计划地花钱

现代社会的孩子大部分是短暂快感的追求者，通常的家庭是父母给多少孩子就花多少，花完了再找大人要。结果孩子越花越多，毫无节制。因此，孩子使用零花钱的计划性也比较重要，父母可以提出原则，具体内容由孩子负责，父母不要直接干涉，不过需要监督、检查。教孩子使用零花钱是让孩子学会如何预算、节约和自己作出消费决定的重要手段。这样做可以防止孩子乱花钱，同时还能培养孩子把钱花在刀刃上的好习惯。

2. 零花钱的数额需要有所限制

犹太人认为，不管孩子多大，家庭经济条件怎么样，为孩子花钱都不能没有节制，父母给孩子零用钱不要心中无数、没有计划。零花钱的多少需要有所限制，按照孩子的年龄以及一周的消费预算来确定。比如买零食、日常必需的开销、午餐、车费和买学习必需品的费用，适当增加零花钱以防万一。对于孩子过年时所收到的零花钱，数额会超出孩子平时零用的金额，父母可以建议孩子将钱存入银行账户，避免孩子无节制地使用。

3. 示范性理智购物

父母给孩子买东西，可以带着孩子一起去，最后通过货比三家，教会孩子买到物美价廉的东西。当然，在这个过程中，父母可以告诉孩子这其中的差价成为可触知的盈利的证据。对于稍大一点的孩子，父母这样做可以让他们在自己支配零花钱时更节约。

4. 让孩子适当开支自己的生活

许多孩子生活在一个非现实的经济世界，因为家里的许多生活开支不会让他们承担。而他们长大之后，就不得不自己付房租、水电费、买食物和衣服以及交通费，这时则会因缺少经验而束手无策。对此，父母可以让稍大一点的孩子为自己买日用品，为家里买菜、交电话费等。父母还可以翻开账簿，告诉孩子家里的钱是怎么花的，这样有助于孩子了解如何掌管家里的财政大权。

家教启示

犹太民族不仅是一个会挣钱的民族，更是一个会理财的民族。要想管理好自己的钱财，一定要控制自己的花销。犹太人的理财意识就给我们上了一堂理财课，他们节俭的精神以及投资未来的毅力和恒心，值得我们每个人孩子学习。

教孩子学会勤俭节约

吝啬在有的时候和节约一样，是一种优秀的品质。

——犹太教子智慧

犹太人在用钱方面非常节省，《塔木德》告诫犹太人：“吝啬在有的时候和节约一样，是一种优秀的品质。”犹太人的节省和吝啬举世闻名，一些人经常调侃犹太人是吝啬鬼。犹太人对于这种称呼不以为然，他们甚至为自己得到“吝啬鬼”的称号而感到高兴。不管是富裕还是贫穷，犹太人始终将节俭作为生活的主旋律。越是富有的商人，对于钱财的使用越是斤斤计较。在商场上，他们经常抱着这样的信念：即使是 1 美元也要积极地将其赚到手。因为他们知道财富就是慢慢积累起来的。犹太商人在商界更是将节俭和吝啬的特点表现得淋漓尽致，他们认为斤斤计较和吝啬是对他们精明投资的最佳褒扬。

讲给孩子的家教故事

从前有个工匠的手艺很好，做出来的东西不但精巧，而且非常耐用，所以他的生意一直很好，赚的钱也不少。可是，这个工匠好吃好穿，非常讲究排场，虽然赚的钱不少，但是始终不够花。工匠的邻居是个大富翁，据说曾经很穷，但是不知道怎么回事，渐渐地就富了起来。工匠非常不解，于是跑去向富翁请教，富翁正在家里补衣服。工匠很纳闷，就问道：“你这么有钱，为什么不给自己买些好衣服呢？这样你也比较有面子啊！”富翁告诉他：“我不会将钱用在装点面子上，我会把钱用在更合适的地方。”这时候，工匠终于明白邻居富裕的原因了。

金钱容易流失，任何人对待金钱都应该特别慎重，否则就会损失金钱。犹太商人对待金钱更是非常小心谨慎，他们在宴请宾客的时候，以吃饱吃好为主要目的，不会讲究排场乱开支。在生活中，他们不会一下子将手里的钱全部花光，让自己两手空空。一个不懂得节省开销的商人不是一个成功的商人。

犹太人不管多么富有，都绝不会随意挥霍自己的钱。在生活中，他们将积蓄钱财作为一种时尚。犹太商人计算过，如果每个人每天储蓄 1 美元，88 年后，就可以得到 100 万美元；如果每天积蓄 2 美元，在 10 年、20 年之后，很容易就能积蓄 100 万美元。因为这种有耐性的积蓄被充分利用，也会得到很多意想不到的赚钱机会，所以犹太父母经常在孩子很小的时候，就培养他们勤俭的习惯。

1. 父母要坚持两个原则

许多父母认为现在家庭条件好了，满足孩子一些额外的物质需求也没什么。

不过需要注意的是，孩子对物质的需求会越来越高，一味地满足，不利于培养孩子正确的金钱观和消费观。犹太父母认为，对孩子提出的物质要求，父母需要坚持两个原则：一是不合理的物质需求不能满足；二是对孩子学习用品和生活用品首先注重实用性。第一个原则有利于孩子形成节约用钱的意识，第二个原则可以帮助孩子树立正确的消费观。

2. 营造勤俭节约的家庭氛围

在平时的生活中，父母要以自己的勤俭节约行为影响孩子，用自己朴素的生活作风感染孩子，比如，将洗衣服的水用来冲厕所，爱惜家庭小物品，小心存放不用的东西等。

3. 引导孩子理解节约的价值

犹太人认为，父母可以通过讲述勤俭节约的故事教育孩子，让孩子知道节约是美德，同时也是生活的必需。在平时的生活中，父母要赞赏节约的行为，批评奢侈浪费。父母可以让孩子理解生活的艰难，理解人在生活中难免会遇到各种困难，而勤俭节约可以做到有备无患，并且还可以帮助别人渡过难关。

家教启示

犹太商人认为，只有爱惜金钱，它才会乖乖地跑进你的口袋里。犹太人就是这样既会赚钱又懂得珍惜钱。正是因为他们的“吝啬”，他们才能成为世界上的金融巨头。犹太人今日在商界独霸四方，与他们这种节俭和吝啬不无关系。中国父母和孩子都应该学习这种节约的精神，也许这就是孩子未来成功的砝码。

第13章

犹太人的处世教育课：在人际交往中积攒智慧和经验

犹太人的生存智慧与他们经受的苦难分不开，经历了这些苦难的磨炼，他们懂得了很多生存之道和生存智慧。苦难虽然没有了，但是这些生存智慧，却被一代代传承下来。这些智慧让他们的人际关系变得更加和谐。这些智慧同样在犹太人赚钱的过程中，发挥了作用。

教孩子学会原谅他人

生意场上没有永恒的朋友，也没有永恒的敌人。

——犹太教子智慧

人们普遍认为多一个朋友比多一个敌人好得多，犹太人也同意这种观点。他们在商场上经常秉承这种观点：生意场上没有永恒的朋友，也没有永恒的敌人。《塔木德》经常告诫人们，要以德报怨，化敌为友。有些人经常以眼还眼，以牙还牙。在犹太人的圣经中，圣人们不提倡这种做法，他们认为最好的做法就是以德报怨，化敌为友。

犹太人这种化敌为友的品德与他们所经受的苦难分不开，战争时期，他们迫不得已移居到其他国家和地区。为了生存，他们必须和其他人和平相处，同时尽量和他们化敌为友，因为自己的敌人已经够多了，这时候，只有尽量地减少敌人，多结交朋友才能艰难地生存下去。懂得宽容待人、化敌为友的人才达到了为人处世的最高境界。原谅曾经伤害过自己的人，才是最好的待人之道。受到侮辱却不侮辱对方、听到诽谤却不反击对方的人是值得敬重的。这样的人是心胸宽广的人，具有大家风范，用中国一句古话来说就是“宰相肚里能撑船”。

讲给孩子的家教故事

约瑟夫是雅各的第十一个儿子，由于他是最小的孩子，雅各非常疼爱他，他因此经常遭受兄长的忌妒。有一天，他们在外面玩耍的时候，约瑟夫被兄长卖到埃及为奴。后来，他凭借自己的智慧，成了埃及的宰相。

有一年，因为饥荒，他的父亲派他的哥哥们去埃及寻找食物，约瑟夫见到了他的兄长。他控制不住感情，在众多的仆人面前号啕大哭起来，他大声地喝退仆人。之后，他开始向哥哥们诉说自己的思乡之苦，他急切地问道：“父亲还好吗？”

他的哥哥们被问得惊慌失措，甚至不知道该怎么回答，因为他们没有认出约瑟夫。约瑟夫让他们走近些，等他们认出眼前这个威风凛凛的人就是当年被他们卖到埃及的弟弟时，都感到非常害怕。他们害怕弟弟会报复自己。

但是，约瑟夫并没有报复兄长，而是温和地说："现在请你们不要因为把我卖到这里而感到难过，那是上帝为了救我的命把我早些送过来。现在故乡发生饥荒已经两年了，接下来的五年时间还会颗粒无收。上帝把我早些送来，也是为了让你们继续存活，他以特殊的方式搭救了你们，所以是上帝将我送到这儿的，而不是你们。他让我成了法老的宰相，所有财产的主人，整个埃及的统治者。"

约瑟夫这种化敌为友的处世方式，正是千百年来犹太人杰出的生存智慧，他们以自己的爱心真诚地对待每个人。他们不仅用真诚的心回报朋友，而且用爱心宽恕敌人。这就是犹太民族的伟大和高尚之处。

犹太人认为，孩子在交往之中常常会遇到矛盾和冲突，父母应该告诉孩子学会原谅他人，这有利于克服孩子"自我中心"意识，知道"我"与"他人"的含义，有利于人际关系的和谐，培养孩子的社会适应能力和合作精神，同时帮助孩子学会宽容、忍让，为别人着想，促进孩子良好性格的形成。

如何教会孩子原谅别人呢？犹太父母有妙招：

1. 创造机会让孩子多接触朋友

犹太人认为，父母要创造机会让孩子多接触同龄人，在交往中互相取长补短，提高人际交往能力以及社会适应能力，形成良好的性格。当孩子在交际中遇到冲突和矛盾的时候，父母可以给予适当安慰，同时帮助孩子分析发生矛盾和冲突的原因，找出自己或别人的错误之处，明辨是非，妥善处理。

2. 转移孩子对冲突结果的注意力

父母需要疏导、转移孩子对冲突结果的注意力，反思这件事的起因，检讨自己的过失，宽容伙伴的缺点和失误行为。同时，父母还要告诉孩子对朋友要以诚相待，学会原谅别人的错误或者过失，懂得宽容忍让才利于增进彼此之间的友谊。教孩子原谅的标准，让孩子明辨是非，知道哪些行为应该原谅，哪些行为是不可以原谅的。明白原谅、忍让不等于没有原则，不是放弃批评与反抗。必要的时候，让孩子体验一下不愿意原谅别人的坏处，因为总是斤斤计较，丝毫容不得别人犯错，其他的孩子就会害怕或不喜欢与你做朋友。让孩子明白，不懂得原谅别人，也得不到别人的原谅。

3. 父母做好榜样

犹太人认为，父母需要做好孩子的榜样，所谓“得饶人处且饶人”，在现实生活中，假如父母遇到了冲突或者矛盾，要懂得宽容待人，尽量不与他人发生争执，这样才能给孩子树立好榜样。

家教启示

犹太人认为，父母从小就应该培养孩子有一颗宽容的心，懂得原谅他人是十分可贵的品质。在以后的生活和学习中让孩子不断修炼，必要时父母要给予正确指导。

培养孩子谦和的性格

凡过于把幸运之事归功于自己的聪明和智谋的人多半是结局很不幸的。

——犹太教子智慧

谦和是犹太人的优良品质，他们把谦和又称为示弱。柔弱的芦苇在暴风中弯腰低头，此后又挺直身躯，这是一种自然现象。但是对我们的人生而言，这就是一种处世智慧，人在社会上生活，有时候就需要学会适当示弱。适当示弱是一种人生境界。犹太人也经常用“忍一时风平浪静，退一步海阔天空”来勉励自己。只有懂得适当示弱的人，才能将自己的人际关系处理好。

与其他民族的人相比，犹太人在各个方面都表现出了超强的能力，无论是在金融，还是在科技领域，犹太人都令其他民族的人甘拜下风。他们本来没有逞强的意思，但是由于他们太优秀了，无形之中就对其他人造成了压力，所以为了不引起人们的注意，他们就学会了适当示弱。只有这样，才会让别人心理平衡，也只有这个时候，人们才不会把他们作为攻击的对象。在生活中，有些人不懂得适当示弱，他们没有示弱的勇气，他们认为示弱就是表示自己不行，他们并不知道，示弱并不表示无能，只是一种渡过难关的策略。示弱会让人积蓄力量，不断地实现自己的理想。古代，人们一直尊崇大丈夫能屈能伸的气度，这就是一种谦和的品质。

讲给孩子的家教故事

有一个硕士毕业的犹太女孩，在一家公司做市场部经理。她业绩突出、多才多艺，长得也不错，却一直没有找到心仪的白马王子，而且在公司的人际关系也很紧张，这让她感到不可思议。在职场待了两年之后，她终于明白自己为什么和同事的关系不好了。她现在已经放弃做一个完美女性的信念了。她经常深有感触地说：人在职场应该懂得适当示弱。

两年前她刚进入公司的时候，倚仗有专业知识的底子，经常向老板提出自己的想法和建议，而且经常加班加点工作。在公司的联谊会上，她能歌善舞，表现非常活跃，引起了其他同事的注意。一年后，她就升职为部门经理，在工作上的表现自是没话说。

工作之余，女同事总爱谈一些穿衣化妆的话题，这个时候，她总是直言不讳地将女同事穿着的不足一一指出，并且提出建议。同事们一起去 KTV 的时候，她成了“麦霸”。同事搬家的时候，她甚至表现得像男同事一样卖力。她身上似乎没有任何缺点。

就在她的事业蒸蒸日上的时候，同事们对她的议论沸沸扬扬地传开了，有人说她爱出风头，有人说她想表现自己，有人甚至嘲讽她就是完美的“神仙姐姐”……虽然事业上一帆风顺，但是她明显地感觉自己被同事孤立了。她根本就融入不了同事的圈子，同事们经常看见她过来，就立刻停止交谈，让她无尽地扫兴。

有一天，她将自己的心事告诉了一位心理医生，医生帮她分析，认为她是因为不懂得示弱才让自己处境越来越尴尬。一语点醒梦中人，后来，她有所收敛，表现得不再那么优秀，渐渐地，同事发现她其实是一个普通的女孩，在生活中也有各种各样的缺点，大家也开始接纳她了。

犹太父母总是告诉孩子， 每个人都不是完美的，太优秀的人就会让人觉得不真实。在人际交往中，学会聆听和关注他人，表现自己谦和的个性，适当示弱，不是无能的表现，而是一种人际交往的润滑剂。适当示弱会让人觉得你更加值得信任，也让人觉得你比较坦诚。示弱不会压垮你的脊梁，相反，它会让你将脊梁挺得更直。

在现实生活中，父母总害怕孩子吃亏，觉得孩子谦让就是一种吃亏，他们害怕孩子以后会养成默默吃亏的习惯，担心孩子落伍。但即便这样，犹太父母依然注重培养一个懂得谦让的孩子，因为谦让的品格与孩子最后赢得成功并不冲突。

1. 让孩子学会妥协

犹太人认为，硬币有正反两面，中间的部分叫妥协。尽管只有选择某一面才有价值，但是没有中间的妥协，那就谈不上什么价值。父母需要告诉孩子，只有谦让的人才能团结其他人，才有一定的号召力。懂得谦让的人让人信赖，至少不会让人产生敌意，而这往往可以赢得更多的机会。

假如父母从小让孩子凡事都获胜，实际上会让孩子一生都很累。更重要的是，一个过分好强、一点都不懂得谦让的孩子，可能一时会占个大便宜，不过时间长了，难以结识朋友。而且，失去积极的朋友关系可能会阻碍孩子的社会发展以及促进良好社会适应所需要的同理心。父母总是禁止孩子和那些太霸道的孩子交朋友，父母这样做难道不自私吗？父母要培养孩子谦让的美德，因为谦让是人际关系的润滑剂，对孩子一生都有益。

2. 让孩子在谦和的同时拥有自信

犹太父母认为自己培养的是一个谦虚又自信的孩子，如果总是提醒孩子不要吃亏，那不如给孩子足够的鼓励和关怀，让孩子拥有自信和自我价值感。一个自信的孩子在尊重他人的同时，不会容忍自己的尊严被践踏，有能力去保护自己。

许多父母认为孩子的谦让会被别人看成是软弱，实际上，一个自信的孩子再谦让也不会软弱，因为他知道自己有价值，相信自己可以做得很好，当事情发展得超出自己想象时，他知道怎么做。自信的孩子，不担心失去不重要的东西。担心孩子吃亏其实反映了父母对孩子的不自信，假如你相信孩子是强大的，你不会介意孩子被人推一把，或者排队时被别人抢先，只有你觉得孩子是软弱的，自己不能去应付时，才会担心。

3. 谦和不是委曲求全

父母应该明白，培养一个懂得谦让的孩子，不是培养孩子总是委曲求全或牺牲自己。犹太人认为，长时间或常常被要求压抑自己的感受和需求，为他人做出牺牲的孩子往往对自己的价值估计和判断会比其他孩子低。所以，父母要培养的是谦和的孩子，不是委曲求全的孩子。假如你的孩子总是被欺负，那就需要思考一下，他为什么每次都被欺负，一定有更深刻的原因。

家教启示

精明的犹太人懂得谦和的好处，有时候他们会公开承认自己的短处，把自己某些方面的弱点暴露出来，以这种方式来赢得交际方面的优势。其实，犹太人的这种示弱就是一种精明的交际策略。

让孩子做个热情好客的小主人

处处热心的人生，是事事满意的人生。

——犹太教子智慧

每个民族在待客方面都会有自己的风俗，犹太民族也不例外。犹太人非常好客，不仅是对自己的朋友同事，他们对待陌生人也一样热情。事实上，犹太人的这种习俗是从很久以前传承下来的。亚伯拉罕是传说中殷勤好客的典范，他曾经在妻子的协助下，迅速为伪装成流浪者的上帝的三位使者准备了丰盛的晚餐。后来，犹太人就以他为榜样，开始推崇好客的美德。尽管许多礼节并不是犹太人独创的，更多的是从身边的希腊人和罗马人身上学来的，但是比起单纯的礼节，他们更重视的是真诚。

犹太人还有一个习俗，就是给人洗脚。洗脚本是一种规矩，后来演化成了一种美德和礼貌。犹太人穿的一般都是草鞋，很容易沾上土，所以当客人进入主人家时，仆人一般都会为客人洗脚。洗脚是一件低贱的事情，一般都由仆人来做，洗脚是为了除去脚上的尘土和污秽。

讲给孩子的家教故事

巴尤哈尼亚是一个糟糕的主人，他决定举办一次宴会，招待罗马贵族。于是他向拉比以利则咨询。以利则告诉他："如果你打算邀请20个人，那就做好招待25个人的准备。如果你打算邀请25个人，那你就做足招待30个人的准备。"巴尤哈尼亚没有接受以利则的建议，他少准备了一道菜。结果，来了25个客人，可是他只准备了24道菜。他把一只金盘子放在没有菜的客人面前，客人非常愤怒地说："难道你要我吃盘子吗？"后来，巴尤哈尼亚对以利则说："我真不该不听你的劝告，你已经告诉我怎么做了，我却没有照你说的做，还觉得你说的是错的，上帝告诉你们如何让客人高兴的秘密了吗？”“上帝告诉我们了。”“那应该怎么办？”“书上写道：当阿伯纳在12个人的陪伴下来到赫布伦的戴维家时，戴维用盛宴款待了阿伯纳和跟随他的人。”

在犹太人的传统里，受到殷勤招待的客人，应该在盘子里留下一些食物，表明主人的招待非常丰盛，超出了需要。如果客人把食物吃光了，就表示主人的招待不是很好。但是，当主人说：“请不要剩下，为什么要把客人吃的好东西，留给狗吃呢？”客人应该顺从主人的意愿，将食物吃下去。如果主人不得不把食物喂狗，他就犯下浪费食物的罪。

犹太人热情好客，这与他们小时候所受到的家庭教育有直接关系。假如孩子邀请小朋友到家里来玩，父母应该如何教孩子做个地道的主人呢？

1. 让孩子参与到聚会的规划中

大多数父母在举办家庭的聚会时，很少会邀请孩子加入讨论，或者事先征询孩子的意见。所以，很多孩子都是在客人到达的当天，才从父母口中得知，家里要来客人。在这种情形下，孩子不会对聚会有参与感，他会认为那是父母的聚会，与自己无关。他们根本不知道自己可以在聚会中扮演什么样的角色，只能被动地听父母指示。

实际上，犹太人认为，父母可以在筹备家庭聚会时，就跟孩子一起组成聚会筹备小组。适当考虑孩子的想法，然后分派适合孩子年龄的工作，比如，协助打电话邀请对方家庭的小朋友、协助父母打扫卫生、聚会当天负责招待其他小朋友等。由于是一家人的辛勤劳动成果，可以有效增进家庭成员之间的情感，而孩子在这个过程中也体会到了责任心和细心。

2. 给孩子一些准备时间

在家庭聚会中，父母有时会要求孩子表演某种才艺，或要求孩子与做客的小朋友分享玩具，不过这些却事先没跟孩子商量，没让孩子做准备。当孩子害羞地唱歌，或生气地拒绝分享玩具的时候，父母还会责怪孩子，认为孩子不够大方，父母这种做法实际上对孩子的心理造成了伤害。

犹太人认为，父母需要尊重孩子，假如需要孩子表演才艺，那就应该事先征得孩子的同意，并给予孩子足够的准备时间，这样才能要求孩子在聚会中表演。

3. 聚会后与孩子讨论细节

犹太人认为，礼貌是从尝试错误的经验中慢慢形成的，所谓的“有礼貌”，泛指能够站在他人的角度设想，并做出合适的回应行为。不过孩子的认知能力是有限的，常常需要父母与其讨论并给予一定的回应，这样孩子才能将经验转化为学习。聚会结束后，全家人不妨坐下来一起讨论，有哪些孩子表现得礼貌得体，有哪些部分可以更精彩。父母需要尽可能描述观察的行为，提出可以改善的建议，说出自己的理由和看法，让孩子对聚会礼节有一个清晰的理解，并以此内化到平时生活中。

家教启示

当然，父母希望孩子成为好客热情的小主人，父母自己也要做一个好客的主人，多像犹太人学习。比如，犹太人这种好客精神还体现在对待旅途中的陌生人的态度上。他们经常会在周末的时候大摆宴席，宴请自己的朋友、同事、亲戚，如果有陌生的路人进来一起吃饭，他们是不会介意的。

让孩子学会尊重他人

礼貌是儿童与青年所应该特别小心养成习惯的第一件大事。

——犹太教子智慧

犹太人认为，尊重他人的力量非常强大，人与人之间最重要的就是尊重，人与人都是平等的，没有贫富之分，没有高低贵贱之别。犹太人认为耻笑他人是不对的，只有尊重别人的人才会得到别人的尊重。金钱可以买到任何物质上的东西，却买不到尊重。初入社会的人，最需要的就是别人的尊重，只有得到别人的尊重，才更愿意在社会上继续行走。耻笑别人的人，是缺乏文化修养的人，这种人不会得到别人的欣赏，无论他在工作方面多优秀，他的人格都是不完整的。

讲给孩子的家教故事

一个犹太人在日本生活了多年，当他开始创业时，他找到一家有名的商场 A，委托对方卖他的钻石，但是 A 商场认为，这根本就是天方夜谭，现在是年关，正是人们需要钱的时候，谁有闲钱买钻石呢？他们都用嘲笑的表情看着他。

但是这个犹太人没有退却，他最终在 B 商场的一角租下了卖钻石的柜台。虽然这里的位置比较偏，商场提出的条件也很苛刻，但是这个犹太人还是接受了条件。他马上和纽约的钻石商联系，以适合的价格购进了钻石，展开岁末大促销。

周围的人都嘲笑他，但是犹太人并没有因此而丧失信心。事实果然不出犹太人所料，钻石的销量很好，甚至创造了日销售额 3000 万日元的纪录。顺应这一形势，他在其他的地方也展开了销售，均创下了极高的销售额。见这位钻石商的销量如此好，A 商场不禁为自己曾经的判断失误连连后悔，于是又重新邀请这个犹太人去 A 商场卖钻石了。

有些人经常无知地嘲笑别人，看见别人的异常行为就口无遮拦地冷嘲热讽，因为他们只是用自己的观点去看待某件事，他们经常以自己短浅的目光看待具有远大前途的新生事物，历史上这样的事例数不胜数。当蒸汽机船、火车等交通工具问世的时候，人们对它们大加嘲笑。然而在事实面前，这些人不得不低头承认自己的目光短浅。

犹太人认为，开朗、自信和强势的性格对孩子日后在社会上自立自强有很大的益处，但让孩子学会尊重他人，才是孩子未来立足的关键。因为只有尊重别人，才有可能正视别人的意见，才有可能接受别人的建议。现代社会，独生子女往往以自我为中心，不懂得尊重他人，自己想说什么话就说什么，想做什么就做什么，所以，对于父母而言，教育孩子尊重他人十分重要。

1. 引导孩子从细节上尊重别人

父母需要引导孩子在生活细节上尊重别人，比如，孩子头发很脏了还不洗，不但有损自己的形象，也是对老师的不尊重；站着和别人说话的时候，总是不停地跺脚；与长辈谈话的时候，总跷着二郎腿，这些都是不尊重他人的行为。

2. 要求孩子说话表现尊重的意味

有的父母认为自我表达是一种健康行为，便会允许孩子通过哭闹的方式来发泄自己的情绪。犹太人认为，这并不是一个好主意。大部分孩子在用语言顶撞了父母之后，会感到内疚或害怕，因为他意识到自己伤害了爱自己的人。但假如父母对孩子的行为无动于衷，渐渐地，孩子就养成了一种习惯，他不再关心自己的行为是否给其他人带来了伤害。

3. 父母需要表达自己的希望

犹太人认为，父母需要向孩子表达“尊重他人”的希望，从孩子两岁半开始，父母可以反复地表明自己的期待，比如，对孩子说“我不赞成你拳打脚踢”“我不喜欢你用语言伤害别人”“我们应该为你说过的伤人的话表示道歉”。在孩子还很小的时候，父母要明确地给她灌输一些基本的价值观念，这有利于为他童年的健康发展奠定坚实的基础。有的父母会起到反向的榜样作用，比如，他们会对孩子抱怨孩子的老师，这样孩子便会对他们老师做出类似的议论。尽管我们所接触到的人并不都是正直的、和蔼的、值得尊重的，但是，当父母当着孩子的面去议论别人的时候，给孩子传递的信息就是“不尊重权威是可以的”，这就是一种错误的教育方式。

4. 尊重孩子的权利

犹太人认为，父母应该尊重孩子的权利。比如，孩子平时读什么书，唱什么歌，课余时间如何安排，父母可以给予孩子建议，不过绝不可以把自己的喜好强加到孩子身上。同样地，父母要告诉孩子在学校不能影响其他同学学习和活动，否则就是不尊重别人学习权利的表现。

家教启示

犹太人认为，任何一个有文化有修养的人都不应该耻笑别人，耻笑别人不仅是一种没有文化修养的表现，还会使自己的人际关系变得很差，尤其是在交际场上，人们都不喜欢和耻笑他人的人合作。犹太父母在孩子很小的时候，就告诫孩子，不要耻笑别人。

让孩子争做情绪的小主人

能控制好自己情绪的人，比能拿下一座城池的将军更伟大。

——犹太教子智慧

犹太人最忌讳让情绪左右自己，所以他们做生意的时候，会一直告诫自己，让感情远离，因为如果掺杂自己的情绪，就不能理智地分析问题。犹太人要求自己理智地处理任何事情，他们不会让情绪左右自己。有些人往往感情用事，经常想干什么就干什么。情绪好的时候，什么都好说；情绪不好的时候，看谁都不顺眼，很容易作错误的决定。犹太人在工作的时候，经常会将感情放在一边，即使遇到大灾大难，他们也不会大吵大闹，而是在最短的时间内作出正确的决策。犹太人认为既然事情已经发生，就没有必要抱怨，他们首先想到的是如何解决问题。这种雷厉风行、不被情绪左右的工作作风正是犹太人在漫长的经商生涯中形成的。

讲给孩子的家教故事

1809 年 1 月，拿破仑从西班牙战事中抽身赶回巴黎，他的间谍已经证实他的外交大臣塔里兰正在密谋反对他。一抵达巴黎，他就立即召集所有大臣开会。拿破仑在会上坐立不安，经常含沙射影地指责塔里兰的密谋行为，但是塔里兰对于拿破仑的指责，始终毫无反应。

拿破仑终于控制不住自己的情绪了，他突然逼近塔里兰，眼神冷冷地说：“有些人希望我快点死掉。”塔里兰依然不动声色，只是满脸疑惑地看着拿破仑。拿破仑终于忍无可忍，大声对塔里兰嚷道：“我赏赐给你无数的财富，你竟然如此害我，你这个忘恩负义的东西。”拿破仑说完就扬长而去，留下大臣们在原地面面相觑。这时塔里兰站起来面色冷静地说：“真遗憾，各位绅士，如此伟大的人物今天竟然会这样没礼貌。”拿破仑的失态和塔里兰的冷静立刻像瘟疫一样传遍了整个法国，皇帝的威信在人们的心中大大降低。此后，拿破仑的事业一直走下坡路，与这次的失态显然紧密相关。

想要成功就得学会控制自己的情绪，而不是被自己的情绪所左右。在犹太人看来，将情绪带到工作和事业上是一种非常愚蠢的行为，他们一般不会这样做，因为工作上的事情是和金钱直接挂钩的，如果处理不当，就有可能损失一大笔财富。精明的犹太人之所以在金融方面如此成功，与他们的这种习惯不无关系。他们情绪不好的时候，一般不会将情绪发泄在工作上，而是找个合适的场所尽情发泄。

犹太人认为，孩子的喜怒哀乐通常都是很真实的，往往直接支配着他的行为。一件在父母看来很小的事情，经常可以引发孩子非常强烈的情绪波动。当一个成年人发脾气的时候，旁观者会知趣地走开，或者好言安慰，但是，当一个孩子发脾气的时候，他受到的可能是训斥，甚至会挨打。孩子童年时期所具有的情绪调节能力，是他们以后生活中能否成功、能否快乐的最好预示，孩子在成长过程中，学会管理自己的情绪对人生成功至关重要。

1. 让孩子认识情绪

父母可以让孩子认识情绪，这是管理自我情绪的第一步，知道自己现在是什么样的心情，才有可能发现原因、思考怎么样去处理。父母可以在自己或对方心情不好的时候，趁机引导孩子意识到“我生气了”“我很担心”等，让孩子认识各种各样的情绪。

2. 让孩子领悟感觉

在平时生活中，父母可以多和孩子聊天，或适时问孩子："你现在心情怎么样？""你喜不喜欢？""什么事情让你这样生气？"同时父母可以通过讲故事、编故事、角色扮演等游戏教给孩子梳理情绪的方法。

3. 引导孩子疏导不良情绪

犹太人认为，当孩子生气或闷闷不乐的时候，父母千万不要因此而生气，或者训斥孩子，因为这样无法制止孩子的不良情绪，也无法让孩子学会如何疏导不良情绪。

犹太父母认为，父母可以让孩子说出自己生气难过的原因，不但有助于情绪宣泄，同时还可以获得他人的理解和安慰。父母可以在孩子生气、难过的时候，引导孩子用语言表达愤怒。

假如孩子陷入某种负面情绪里，父母可以引导他想一些好事情，让他意识到原来事情没有这么糟糕。这样孩子能够学习用不同的角度和方向思考，进一步用自己的方式宣泄不良情绪。

家教启示

犹太人认为，情绪是很奇怪的东西，好情绪可以引导我们的人生走向辉煌，坏情绪可以让我们败走麦城。情绪可以决定一个人的命运，这句话一点儿也不为过。人无法改变天气，但是可以改变看待天气的心情；人无法控制别人，但是可以通过自己的好情绪，激发对方的好情绪；人无法改变环境，但是可以改变看待环境的角度。同样一束玫瑰，乐观的人看到的是玫瑰靓丽的色彩，迷人的芳香；而悲观的人看到的只有玫瑰花下面的刺。被自己的情绪所左右的人是一个不成熟的人，因为他不知道如何掌控自己的情绪。犹太父母在孩子很小的时候，就引导孩子管理好自己的情绪，他们会引导孩子积极地看待问题。当上帝给我们关上一道门的时候，他会为我们开启一扇窗。

让孩子学会赞美他人

唯有赞美别人的人，才是真正值得赞美的人。

——犹太教子智慧

犹太人认为，人都喜欢听赞扬自己的话。但是，赞扬别人是一种学问，有些时候需要把握好分寸。会赞扬别人的人，会使对方心花怒放；不会赞扬别人的人，不仅得不到表扬，结果还会适得其反。真心地赞扬别人其实就是欣赏别人的优点，经常发现别人优点的人是积极乐观的人。有些人认为赞扬别人就是说一些奉承话，其实这是一个误区。有些奉承话的确让人听了很舒服，这种奉承就被认为是恰当的表扬；有些奉承话让人一听就觉得是假话，这就是我们常说的拍马屁没拍好却拍到马蹄子上了。犹太人提倡发自内心的赞美。犹太人有一句名言："唯有赞美别人的人，才是真正值得赞美的人。"会赞扬别人的人，才能在工作中和人融洽相处，从而获得好人缘。

讲给孩子的家教故事

犹太人巴米娜·邓安负责监督一名清洁工的工作，这名清洁工的工作做得不好，很多员工经常嘲笑他，还故意把各种垃圾扔到走廊里。这名清洁工的压力非常大，他实在没有信心做好工作了。巴米娜想了很多办法提高他的工作质量，但是效果并不好。

有些时候，巴米娜发现其实这名清洁工也能把某些地方打扫得很干净，于是就对他大加赞扬，这名清洁工就会很高兴，从而更有动力将其他的地方打扫干净。渐渐地，人们开始关注起这名清洁工来，对他的态度也变好了，这名清洁工也能将工作做得更好了。巴米娜发现这个方法很奏效，于是就用同样的方法赞扬和鼓励他人，结果效果同样很好，同事们和他的关系也越来越好。

巴米娜总结道：批评和责骂不仅不会将问题解决，反而还会导致更多的问题出现，它只能让人们之间的关系越来越差。只有赞扬和鼓励能和谐圆满地将问题解决。

犹太人在赞扬别人的时候，经常会注意一些细节。首先，赞扬一定要真诚，这是极为关键的，缺乏真诚的赞扬往往会让人觉得肤浅，觉得这只是单纯地恭维对方，不仅不会收到好效果，反而会惹人生厌。

其次，要赞扬行为本身，不要直接赞美人，这样可以避免使人尴尬、混淆概念等弊端。比如，与其说“嘿，汤姆，你这个人太棒了”不如说“汤姆，这次你提的建议真的很棒，对公司的未来有很好的定位”，前者会让人感觉如坠云雾，甚至被赞扬者还不知道到底发生了什么事情呢。

再次，赞扬时要具体实在，不宜过分夸张，比如，“珍妮，你太漂亮了”这句话可能不如“珍妮，这件衣服实在是太适合你了”效果好，后者更具体，也会让人更容易接受。

最后，赞扬一定要及时，不要事隔很久才想起这档子事，过期的赞扬又有几分可信度呢？

当然，犹太人也注重将“赞美他人”纳入家庭教育中：

1. 向孩子坦诚自己的优缺点

父母要在孩子面前尽可能坦诚地说出自己的优点和缺点，然后告诉孩子在自己的周围有谁的优点正好是自己的缺点，而自己每次都向他请教。同时，父母可以让孩子监督自己，时间长了，孩子会用相同的方法对待别人和自己的优点和缺点。

2. 潜移默化的赏识教育

在生活中，父母要常常赞美孩子，赞美周围的人，在潜移默化中孩子也学会了真诚地赞美别人。当听到孩子抱怨别人时，父母要引导孩子换个角度想一想，这个人是否出于无奈，或者是一时不小心，帮助孩子找一个原谅别人的理由，这样有利于开阔孩子的胸怀。

家教启示

每个人都渴望被理解和赞同，《羊皮卷》中，有这样一句话，如果你认同一个人，就将他的优点大声地说出来。这样既能让他有个好心情，还能让你们的人际关系变得更好。

第14章

犹太人的成功教育课：选择一条适合自己的路

犹太人中有许多对世界文明进程产生了重大影响，这些人物身上都有着重要的品质：一是他们的成功和不凡业绩与犹太传统教育有密切关系，他们一生的努力奋斗及业绩都以此为基础；二是他们事业的成功与犹太家庭中的长幼双向教育、早期智力开发以及社团教育中培养孩子勤学、好问、多思等教育方式紧密相连。

让孩子明白成功绝非偶然

一个人之所以能取得卓越的成就，最关键的就在于他在做这件事情的时候是积极的、主动的、敢于拼搏的。

——犹太教子智慧

犹太人认为，一个人之所以能取得卓越的成就，最关键的就在于他在做这件事情的时候是积极的、主动的、敢于拼搏的。人不能没有拼搏精神，尤其是孩子，因为只有拼搏才是赢得成功的渠道，只有拼搏，才能享受到胜利的荣耀。犹太人认为，自己的事情自己干，靠天、靠地、靠祖宗，都不算真正的成功。孩子的人生之路终究要他们自己来走，谁也代替不了，成功需要靠孩子的努力才能实现。

对于许多中国家庭而言，独生子女越来越多，家里往往以孩子为中心，围着孩子团团转。孩子的任何愿望，父母都会想方设法地满足。而父母的这种教育方式，滋长了孩子的懒惰心理，让他们不管遇到什么事情都交给父母处理好了，这样的懒惰心理不但不利于孩子的身心健康，而且不利于孩子未来的发展。对此，父母要改变观念，让孩子明白成功是需要靠自己努力来实现的。

讲给孩子的家教故事一

哈兰·山德士 5 岁那年父母就去世了，12 岁时开始了他全新的生活，16 岁时他在一家餐厅当上了主厨，18 岁时他结了婚，娶个漂亮的妻子。一段时间后他的妻子怀孕了，然而在喜悦的同时他却被餐厅炒了鱿鱼。不过，哈兰并没有放弃，而是继续为自己的理想拼搏着。他跟朋友们说自己要是有很多钱，就会去帮助和他以前一样的人，让妻子孩子过上好日子。不过他的朋友却说：“你别想了，这是不可能的，等下辈子吧！”然而，哈兰并没有因为别人这样说就放弃。时间过得很快，转眼间他到了垂暮之年，想想在年轻时开过的加油站、饭店，结果都倒闭了，最终在他 88 岁时拥有了自己的事业，他就是肯德基的创始人。

在生活中，孩子们都喜欢吃肯德基，而且常常去吃，不过却很少有孩子知道哈兰是如何通过拼搏才创造出来的品牌。假如哈兰不拼搏努力，孩子们又怎么会那么喜欢这位慈祥的爷爷呢？

讲给孩子的家教故事二

从前，有个懒汉，他什么都不想做，只想着不劳而获。后来，他听说有一种摇钱树，只要摇一摇就能从树上掉钱。于是，他开始到处寻找摇钱树。一连找了几个月，摇了上万棵树，可掉下的都是树叶。

有一天，他向一位正在田里干活的老农询问：“老人家，您知道哪儿有摇钱树吗？摇钱树长什么样子呢？”老农告诉他：“摇钱树有两个杈，每个杈上长五个芽。”懒汉听后欣喜若狂，终于找到一棵有两个杈长五个芽的树，便迫不及待地摇起来。可摇了半天，摇下来的只有十片树叶，他认为老农骗他，就怒气冲冲地去找老农算账，经过老农的再次指点，他才明白，老农指的是双手，唯有凭借自己勤劳的双手才可能让自己成为一棵摇钱树。

对每个孩子而言，独立自主能力的培养是必不可少的。在生活中，每个人都有属于自己的位置和角色，不可能在每一个位置和角色上都做到出类拔萃，父母一定要正确引导孩子，成功是通过自己的努力获得的，而非上天赐给你的礼物，要让孩子从小就学会依靠自己的力量赢得成功。

1. 让孩子知道成功是通过努力获得的

父母要让孩子明白，没有人可以代替自己成功，任何成功都需要通过自己的努力来获得。虽然父母可以帮助孩子做很多事情，但孩子长大后，还是要依靠自己的力量。对此，父母要从小耐心教育孩子学会依靠自己，孩子的人生才刚刚开始，不管是在学习上还是生活中，孩子都会遇到不平等的事情或者更优秀的人，父母要让孩子明白，不要去抱怨别人，也不要嫉妒别人，而是要把握好自己，这才有成功的希望。

2. 有拼搏的精神

犹太人认为，在人生的旅途中，需要拼搏精神。所谓的拼搏精神，就是为了自己的目标或远大理想而顽强奋斗坚持不懈的一种精神。社会在发展，拼搏依然是现代生活不可缺少的一种精神，父母要帮助孩子插上拼搏的翅膀，让孩子永远翱翔在蔚蓝的天空。

家教启示

犹太人认为，并不是每个参加比赛的人，都能得到冠军奖牌，他们依靠的是拼搏精神，尽自己最大的努力。成功绝非偶然，做任何事情都是这样，都需要一种拼搏的精神，其实，只要你豁出去了，结果往往是令自己满意的。要想拼搏，必不可少的是决心，不怕勇战失利，而是担心没勇气去展现自己。

让孩子懂得看清适合自己的路

想别人不敢想，你已经成功了一半。做别人不敢做的，你会成功另一半。

——犹太教子智慧

一个随大溜，时时刻刻都在模仿别人的人是永远不会引人注意的，只有保持特立独行的人才能在竞争激烈的商界崭露头角、脱颖而出。

犹太商人在商海中经过长时间摸爬滚打之后，他们已经明了，要想在激烈的竞争中脱颖而出，只有保持特立独行，尽早地占有市场。看一下成功犹太人的传记，我们就能从中找到一条规律，那就是他们能够想别人不敢想，做别人不敢做。别人不敢做的事情未必就是不能做的事情，别人都做的事情也未必就是正确的事情。别人没有想过的事情，不敢做的事情，你做了，那么你就有极大的可能脱颖而出，就会在别人没有看到商机的时候大赚一笔。

讲给孩子的家教故事

19 世纪中叶，美国的加利福尼亚州掀起了淘金热，淘金的人们蜂拥而至，有的人发财了，有的人收获寥寥，有的人血本无归，在众多的淘金者中，有一个叫亚默尔的年轻犹太人，他也想在这里淘到金子。在这里淘金唯一不便的就是喝水的问题，必须到几里地之外的一个小山沟里才能找到水。

于是亚默尔敏锐地感觉到这是一个巨大的商机，他想自己来到这里淘金只是一种手段，最终的目的还是赚钱。于是他决定不再淘金，而是以卖水为生，他将自己全部的积蓄都用在开采水源上，终于他打出了第一口井，然后他又将这些水滤净消毒，终于变成人们可以饮用的食用水，他开始卖起了水。他的同伴都对他冷嘲热讽，他们认为他这样做最后什么也得不到。但是亚默尔认准了目标，他觉得这样做可以赚到钱。此处，他还专门进了一些小食品、饮料等，就这样，他在短短的时间内就赚了 8000 美元，当不少淘金者衣食无着的时候，他已经完成了原始的资本积累。后来凭借自己独特的眼光，他又做成了几桩生意，他终于一跃成为美国的商业巨子。

犹太父母告诉孩子，任何人想要成功，随大溜是行不通的，只有走出一条真正适合自己的路，才能在商场上不断取得成功。特立独行的人要有敢为天下先的气魄，畏首畏尾不敢前进的人是不会在商场上取得很大成就的。一味地模仿别人，跟着别人的脚步走，只会拾人牙慧，成不了气候。

1. 另辟蹊径才能成功

犹太父母总是告诉孩子，成功人士的经历只能是给你的人生作参考，他们的成功经历终究还是他们的，不能变成你的。这同样适用于商业领域，一个商家要想让自己的产品在琳琅满目的商品中吸引顾客的眼球，就必须有自己的特色，千篇一律的商品只会让人感到厌烦和麻木。所以，商家就应该紧紧抓住顾客的心理，不断地另辟蹊径，不断地推陈出新，只有这样，才能占据商场制高点。

2. 走自己的路

犹太父母鼓励孩子走自己的路，他们告诉孩子：每个人都应该有一条自己该走的路，千人一面人，是不会得到人们欣赏的，只有特立独行才能吸引人们的注意。许多人不敢特立独行就是因为他们没有敢为天下先的勇气。抛开自己的成见，摒弃自己的怯弱，自己的人生还得自己来书写，我们不要成为和别人一样的人，为什么不将自己的特色展现出来，为什么不让自己的优点长处凸显出来？既然不想被大众埋没，我们就要有自己的特色，就要有自己值得骄傲的地方。

家教启示

犹太人认为，特立独行的做事风格会独领风骚，尝到大大的甜头，许多人的成功就是因为他们能够想出别人不敢想的好主意，现在的社会是一个多元的社会，只有你想不到的，没有你做不到的。什么东西都可以拿来拍卖，就算是不值分文的东西都可以在有创意的家人手中变得价值连城。

让孩子明白敢于尝试才会成功

不敢冒险的人既无骡子又无马，过分冒险的人既丢骡子又丢马。

——犹太教子智慧

犹太人认为，在经商过程中，商家要想成功赚大钱，就必须敢于冒险，而且冒的险越大，成功的概率就越大。犹太人在经商过程中，只要他们觉得做某件事有利可图，即使冒再大的风险，他们也会积极去做。这就是犹太人的胆量，有些人畏首畏尾，看好某件事，可是实在是没有胆量去尝试，于是成功的机会与他擦肩而过。商人要想成功，就必须有胆量，有了胆量，你才会去冒险；有了胆量，你才会放心大胆地去做某事；有了胆量，你就成功了一半，另一半就是有一个武装的大脑。

讲给孩子的家教故事

著名的股票经纪人约瑟芬斯，在他 25 岁的时候，意气昂扬，抱着一心想成为大富豪的想法，辞去了稳定的工作，专心投入到股票交易中，不到十年的时间，他就拥有了上百亿元的资产。他辞去工作的时候，手中仅有 500 美元，他就用这 500 美元做资金，开始创立自己的事业。当年的他充满了灵气，当他过了短暂的适应期后，凭借炒股赚了 35 万美元。胜利冲昏了他的头脑，在买下一家暴跌的实业股份公司的股票后，转眼间，他赔得只剩下 200 美元。

在这样的重锤之下，他痛苦了一周，就在大家以为他要退出股市的时候，他又重新鼓起了勇气，开始遍访各种炒股能手，涉足各种炒股书籍，掌握了股海的变幻形势。回首往日的骄人成就，他内心激起了千层浪，于是又重新投入到股海中。这次的他似乎变了一个人，不再像以前那样不经慎重考虑，就直接作决定，而是细心地观察股情，进行了细致的分析后，他发现未列入证券交易所买卖的股票实际上有利可图。这些股票利润小，被金融大亨们甩在了一边，但是这些股票的风险小，而且持续稳定，于是他就借钱将其买进，结果不到一年的时间，他净赚了 45 万美元。他开设了自己的股票公司，但是他觉得自己的知识不够用，于是就去图书馆学习，四年之后，他成为一个知名的股票经纪人，月收入达 28 万美元。

这年他仅仅 29 岁。不久，动乱使得国内的经济陷入了一片恐慌，他预计经济危机马上会爆发，便迅速地将自己手中的股票一抛而光。经济危机随后就爆发了，股价大跌，他仅这一项竟赚了 500 万美元，在别人将股票大量售出的时候，他又看好形势，逐渐买入，直到经济危机结束，他又将这些股票卖出，就这样，他稳赚不赔地积累起自己的财富。

约瑟芬斯一开始凭借自己的胆量小赚了一笔，但转眼之间，这些财富就如昙花一现。约瑟芬斯并没有就此消沉下去，而是总结失败的教训，意识到是因为自己的知识不够用，所以他专心学习专业的炒股知识。在他学有所成之后，他又重新投入股市，这次他改变了以前那种做事习惯，在买进卖出股票的时候，不再仅凭胆量做事，而是运用了智慧的头脑，审时度势，从而一步步地积累起了自己的财富。

犹太人认为，勇敢和冒险是紧密相连的，要想孩子具备冒险精神，就要善于冒险，敢于搏击新领域。父母应该鼓励孩子有一定的冒险精神，有克服困难的勇气。当然，培养孩子的冒险精神，这个冒险是适度的，毕竟孩子还很小，只需他们的意志得到锻炼即可。

1. 对孩子放手

许多父母对孩子放手比较少，总希望孩子生活在自己的庇护之下，认为只有这样孩子才能健康成长为栋梁之材。假如父母能够大胆放手，多让孩子去体验，去锻炼，去实践，孩子就能够得到增长，会更愿意去尝试、去探索。相反，假如父母总是不敢放开紧握孩子的手，时间长了，孩子就会变得胆怯、内向，不愿尝试新鲜的事物。

2. 鼓励孩子去冒险

有的父母认为，冒险就有可能遇到困难、危险、失败，这些都是父母不愿意看到的。假如父母因为孩子的某些冒险做法而责备他们，训斥他们，孩子慢慢地就变得不敢去冒险，不敢去探索。平时孩子的一些行为看上去可能很简单，甚至有些冒险，这些都没什么，只要父母常常鼓励孩子，赞扬孩子的行为，就能培养孩子的冒险精神。

家教启示

在经商过程中，犹太商人认为冒险是必需的，所以在看中某件事可以为他们带来利益时，他们会不惜一切地去冒险。他们一直以冒险家自居，就是因为他们有过人的胆量，失败了有什么关系，大不了从头再来。他们不仅有胆量，重要的是他们有智慧，他们会仔细辨别出哪种风险值得冒，从而拼尽全力尝试。

让孩子从小就拥有雄心

心有多远，路就能走多远。

——犹太教子智慧

拿破仑曾经说过一句话："不想当将军的士兵，不是好士兵。"同样，不想赚大钱，不想发财的商人不是好商人。犹太人认为，有雄心未必是一件坏事，它能告诉你自己想要的是什么，你想达到的目标是什么。只有拥有雄心的商人，才能将自己的事业越做越大；整天知足常乐的人，不会取得太大的成就。很多成功人士在很小的时候就立志将来一定要做个有钱人，有些人在小时候就想成为某一行业的领军人物。在这种野心的刺激下，他们会为了梦想不断奋斗，最终成就辉煌的人生。

讲给孩子的家教故事

迈克尔是一个美籍犹太人，他从小就想做一个驰名世界的电脑专家。因为他的父亲经常在家里摆弄电脑，耳濡目染，他对电脑的专业知识越来越熟悉。就在同龄孩子还在玩耍的时候，他已经在研究电脑的专项功能了。

上大学的时候，他发现私人电脑已经成为人们热议的对象。但是，当时销售商将电脑的价格抬得很高，大学生很难拿出那么多钱去买一台昂贵的电脑，迈克尔觉得这是一个巨大的商机。他费了九牛二虎之力，终于将销售商库存里的电脑以成本价收购。他凭借着自己扎实的专业知识，为这些电脑装上了附件，增加了一些功能，然后将这些电脑以较低的价格出售。这些电脑很快受到大学生的欢迎，销售一空。

迈克尔的生意越做越大，他的父母担心他的学业，想让他拿到学位以后再做生意。但是他认为这是一个机遇，他已经等不到毕业以后再做了，于是就继续销售电脑。他见其他公司都是先将电脑生产好，再推向市场，就决定反其道而行之。

他让顾客说出自己的需求，然后为顾客量身打造电脑。这个方法很快就得到了消费者的认同，他第一个月就赚了 18 万美元。此后，他赚的钱越来越多，在同龄人大学毕业的时候，他已经有了几亿美元的存款。现在，他的公司在全世界都有分店，他已经成为世界上最著名的电脑销售商之一。

迈克尔的成功不是偶然的，因为他从小就有出人头地的梦想，有实现自己梦想的雄心，所以他才在人生中取得巨大的成功。如果说梦想是成功的指明灯，那么雄心就是实现梦想的发动机。就是因为有发动机的推进作用，人才能不断向梦想彼岸驶去。梦想和雄心是相辅相成的。

1．培养孩子的雄心

犹太人认为，有雄心是一件好事，这说明一个人有抱负，有宏伟的志向。有雄心的人会有坚强的意志去实现自己的目标，雄心会在潜意识中激发人的斗志。只要有雄心，目标就不再遥不可及。任何困难在有雄心的人眼中都不是困难，而是成功路上的垫脚石，有了这些垫脚石，会更快更容易取得成功。

2．让孩子立下志向

假如孩子常常谈论自己的梦想或者志向，聪明的犹太人从来不嘲笑孩子的志向，而是鼓励孩子说出来，同时引导孩子朝着自己的理想去努力。在现实生活中，父母们喜欢为孩子设计理想，甚至想好了孩子以后去哪个大学、学什么专业，父母不顾孩子的志向，强迫孩子按照设计的轨道去发展。聪明的犹太父母尊重孩子的志向，而且总是不断鼓励孩子，让孩子有足够的信心去实现自己的志向。

家教启示

犹太人一般都是有雄心的，他们希望自己的生意越做越大，经常嫌自己的生意不够大。犹太人经常在某一行业做出成就后，觉得自己的生意还很小，于是就在原有生意的基础上，转投其他生意。在新生意做得风生水起之后，他们会寻找下一个能够发财的目标。所以，我们经常能见到一个犹太富翁将几种生意做得同样出色。他们能在几种生意上均取得成功，与他们的雄心是分不开的。

一个商人要想将生意越做越大，必须拥有雄心，只有拥有雄心，才能永不满足，永远前进。

培养孩子的团结合作意识

一滴水只有放进大海里才永远不会干涸，一个人只有当他把自己和集体事业融合在一起的时候才最有力量。

——犹太教子智慧

犹太人很重视团结的力量，他们懂得要想成就大事，只凭一个人的力量是远远不够的，只有将所有人的智慧集中在一起，才能将一个公司打理好，才能将一件事情做好。

优秀的领导者应该知道如何相信自己的手下，应该学会将职权下放给自己的手下，而不是将各种权力都集中在自己的手中。人的精力毕竟是有限的，在一方面投入的精力多，而在另一方面投入的相对就会少一些。犹太人的商业智慧中，有一条 78 ∶ 22 的原则，也就是说，公司只有 22% 的人掌握着公司 78% 的权力，所以公司的领导一般都会放权给这 22% 的人，这样领导就会有更多的时间和精力去管理其他事情。犹太人会将自己的权力下放给对工作流程最熟悉、对工作比较负责的人，形成一个比较严明的监察体制。犹太人认为，一个人最重要的是将自己分内的工作做好，无须对所有工作都精通，只要对自己从事的职业精通即可。

讲给孩子的家教故事

从前，国王阿财有 20 个儿子，每个儿子都很有本领。但是他们每个人都认为自己本领很高，都不把其他兄弟放在眼里。平时 20 个儿子明争暗斗，见面就互相嘲笑，在背后也总爱说别人的坏话。阿财见到儿子们不团结，很担心，他知道敌人很容易利用兄弟间的不和睦来攻击国家，这样一来，国家的安危就命悬一线了。阿财经常利用各种机会和场合来教育儿子们停止互相攻击，要互相团结，但是儿子们对父亲的话总是听不进去，表面上装作听进去了，其实并没有放在心上，还是我行我素。

阿财的年纪一天天大了，他知道自己在位的日子不会很久了。但是自己死后，儿子们怎么办呢？再没有人可以教诲他们、调解他们之间的矛盾了，那国家岂不是危在旦夕吗？有一天，久病卧床的阿财终于有了主意，他把儿子们都召集到床前，吩咐他们说："你们每个人都放一支箭在地上。"儿子们不知道怎么回事，不过还是照办了。阿财对自己的弟弟说："你随便拾一支箭折断它。"弟弟顺手捡起身边的一支箭，稍加用力，箭就断了，阿财又说："现在你把剩下的19支箭全部拾起来，把它们捆在一起，再试着折断。"弟弟抓住箭捆，使出了吃奶的力气，咬牙弯腰，脖子上的青筋都暴起来了，累得满头大汗，始终没能将箭捆折断。

阿财这才语重心长地对儿子们说："你们也看得很明白了，一支箭，轻轻一折就断了，可是合在一起的时候，怎么折也折不断。你们兄弟也是如此，如果互相斗气，单独行动，很容易失败，只有20个兄弟联合起来，齐心协力，才会产生无比巨大的力量，从而战胜一切，保卫国家的安全，这就是团结的力量！"儿子们终于体会到了父亲的良苦用心，流着悔恨的泪点点头。

无论是在家里还是在学校，抑或在社会，父母都应该引导孩子学会团结，并从团结中获得力量。团结是一种巨大的力量，它让孩子们学会处理与同学之间的关系，以友好的态度去拥抱队员，更让孩子懂得如何与人相处。有的孩子习惯在家里以自我为中心，到了学校这样的大集体里，他就会处处不乐意，与同学相处不好，对于游戏、活动、竞赛，他也以种种借口而不参加。实际上，孩子的交往能力已经受到了阻碍，这时候，父母要引导孩子学会团结，让孩子明白只有团结才能把事情做好，只有团结才能让集体充满温暖与快乐。

1. 在家庭中渗透团结的意识

犹太父母认为，家庭也是一个小集体，若父母参加类似的家庭活动，不妨带着孩子一起参加，不要因为孩子小而拒绝他参与大人的活动。比如，父母在外出游玩或拜访亲友时可以带上孩子，这会让孩子产生一种集体感，体会到与家人在一起的快乐。父母也可以邀请同龄的爸爸妈妈参加类似的家庭聚会，通过参加家庭游戏，让孩子体会到团结的力量。

2. 鼓励孩子参加集体活动

在学校有许多课外活动，即使在假期也会有夏令营之类的活动，这时候，父母要积极地鼓励孩子多参加集体活动，让孩子在与同龄孩子的相处中，感受团结的幸福与快乐。如果孩子在相处过程中耍了小脾气，远离了集体，父母要给予正确引导。父母不要过于担心孩子，也不要制止他与同龄伙伴的来往，如果你一味地要求孩子待在家里，就会导致孩子失去与他人交往的机会。

3. 引导孩子与同学和睦相处

在学校每个班级都是一个集体，有时候，孩子会抱怨“某某同学不好相处”，对此，父母要正面引导孩子，让孩子明白他所处的环境就是一个集体，让孩子学会与同学和睦相处，继而团结同学，增强班级荣誉感。

4. 教孩子学会欣赏他人

在班级中，许多优秀的同学令孩子羡慕，甚至是嫉妒，因为感觉别人的优秀反衬出自己的缺点。因此，犹太人认为，父母既要鼓励孩子勇敢地表现自己，同时，也要教孩子学会欣赏他人的长处，肯定他人的优点。即便孩子与同学有了意见上的分歧，父母也要引导孩子认可每个人的个性是不一样的，自然想法也就不一样，学会认可别人的意见和想法，宽容对待所在班级的同学。

家教启示

犹太人认为，父母引导孩子学会团结，就是帮助孩子在团队里立足，孩子除了可以表现自己，还会拥有一颗成人之美的心，继而和谐处理与队员之间的关系。这些都需要父母有意识地去培养，在平时的生活中，父母要多给予孩子一些锻炼的空间，让孩子学会体贴别人，学会宽容待人。父母应该让孩子知道每个人都有自己的个性，对事情也各有不同的看法，不要一味地要求别人与自己一样，让孩子学会欣赏别人、肯定别人。

让孩子从小积累白手起家的资本

穷人缺什么：表面缺资金，本质缺野心，脑子缺观念，机会缺了解，骨子缺勇气，改变缺行动，事业缺毅力。

——犹太教子智慧

为什么很多犹太人在短短几十年间就可以成为世界级的金融大亨呢？这是因为犹太人总是在孩子很小的时候就告诉他们，白手起家的秘密：

第一，使自己的空钱包变成满的。一位犹太的拉比问道：“假如每天早上我都往篮子里放10个鸡蛋，晚上拿出9个。这样过一段时间，会出现什么样的结果？”一个人答道：“这样就会得到满满一篮子鸡蛋。”“这是什么道理呢？”“因为我每天放进去的鸡蛋都比拿出的鸡蛋多一个啊！”于是这位拉比说道：“让自己的钱包变满也是一样的道理，做一份工作就会让自己的钱包多一份财富，只要让自己的收入大于支出，钱包就会慢慢地变满。”

第二，控制自己花钱的欲望。人的收入各不相同，因此支出也不一样。想让自己的钱包满满的，就要控制自己花钱的欲望。人的欲望是无穷的，不能把支出和欲望联系在一起，这是不明智的。欲望是没有极限的，但是人的收入是有限的，将无限的欲望加在有限的收入上，就是让自己的支出凌驾于收入之上，久而久之，就会陷入入不敷出的窘境。人不能被自己的欲望所左右，不要因为自己的钱很多，就去满足每一个欲望。应该调整自己的生活习惯，每花一块钱的时候，都慎重思考，让每一块钱都发挥100%的功效。

第三，用钱、赚钱术。犹太人为了让自己的财富逐渐增多，通常让钱生钱，用钱不断地去赚更多的钱。他们经常用钱去投资，有些人还将自己的钱借给别人，然后在收回本金的同时收一笔利息，这样就能让自己的钱变得越来越多。一些守财奴经常将自己的钱存起来，不借给任何人。他们这样做，虽然守住了钱，但是却赚不到更多的钱。这样做其实也是变相损失了很多属于自己的钱，犹太人是不赞成这种不明智的做法的。

第四，看好自己的钱包。犹太人认为看好自己的钱包非常重要，简单地说，就是要谨慎地投资。犹太人认为，投资一定要安全可靠，必要的时候能够收回成本，同时还能获得可观的利润，这样才不会丧失自己的财富。要经常向有经验的人请教，听取有经验的人的劝告，不要一意孤行。对于不安全的投资产业，尤其是风险系数较大的产业，更应该谨慎投资。

第五，投资房地产业。每个人都希望有一块属于自己的土地，孩子可以在庭院里自由地玩耍，妻子可以在里面种上花草蔬菜，丈夫可以在里面休息。这样的家庭生活在犹太人看来才算是真正的享受。所以，一般而言，有钱的犹太人都喜欢借钱给那些想购置房产的人，在房屋建成后，他们完全不用担心借钱的人还不上钱，因为有房子做保障，自己就可以毫无后顾之忧地去赚钱。

第六，为自己将来的收入作打算。每个人都会历经从年轻到衰老这一过程，一个人在还有能力赚钱的时候，就应该为自己的未来作打算，比如选择一项长期可靠的投资产业，投入资金，并且确信在未来能够收回这些资金，这样的投资才是妥当的投资。现在，犹太人一般都会为自己买下一份人寿保险，在年轻有收入的时候，每个月为自己的未来存下一笔数额不大的资金，当年老的时候，就可以享受它为自己带来的利益了。

家教启示

父母需要告诉孩子，未来要靠自己去打拼赢天下。犹太父母在孩子很小的时候就告诉他们这些白手起家的秘密，以至于他们日后在商界不断取得成功，享誉世界。

参考文献

[1] 宿春礼 . 犹太人教子枕边书大全集 [M]. 北京：中国华侨出版社，2011.

[2] 老萧 . 犹太人给子女的忠告 [M]. 沈阳：春风文艺出版社，2011.

[3] 伊莎 . 犹太人育儿经 [M]. 北京：中国商业出版社 2013.